D1640309

Coldwell · Power für Verkaufs-Champions

Leonard Coldwell

Power
für Verkaufs-Champions

Wie Sie jede Hürde
selbstbewußt meistern

GABLER

Die Deutsche Bibliothek – CIP-Einheitsaufnahme

Coldwell, Leonard:
Power für Verkaufs-Champions : wie Sie jede Hürde selbstbewußt
meistern / Leonard Coldwell. – Wiesbaden: Gabler, 1998
  ISBN 3-409-19584-X

Alle Rechte vorbehalten
© Betriebswirtschaftlicher Verlag Dr. Th. Gabler GmbH, Wiesbaden 1998
Lektorat: Manuela Eckstein

Der Gabler Verlag ist ein Unternehmen der Bertelsmann Fachinformation GmbH.

http://www.gabler-online.de

Höchste inhaltliche und technische Qualität unserer Produkte ist unser Ziel. Bei der
Produktion und Verbreitung unserer Bücher wollen wir die Umwelt schonen: Dieses Buch
ist auf säurefreiem und chlorfrei gebleichtem Papier gedruckt. Die Einschweißfolie besteht
aus Polyäthylen und damit aus organischen Grundstoffen, die weder bei der Herstellung
noch bei der Verbrennung Schadstoffe freisetzen.

Die Wiedergabe von Gebrauchsnamen, Handelsnamen, Warenbezeichnungen usw. in diesem
Werk berechtigt auch ohne besondere Kennzeichnung nicht zu der Annahme, daß solche
Namen im Sinne der Warenzeichen- und Markenschutz-Gesetzgebung als frei zu betrachten
wären und daher von jedermann benutzt werden dürften.

Umschlaggestaltung: Schrimpf und Partner, Wiesbaden
Satz: FROMM MediaDesign GmbH, Selters/Ts.
Druck und buchbinderische Verarbeitung: Wilhelm & Adam, Heusenstamm
Printed in Germany

ISBN 3-409-19584-X

Vorwort

Hier ist der Augenblick, auf den Sie alle gewartet haben. Beglückwünschen Sie sich selbst, denn Sie gehören zu einer kleinen, aber feinen Gruppe, der bewußt ist, daß Verkäufer das Rückgrat jeder Wirtschaft stärken.

Freuen Sie sich auf ein begeisterndes Motivationsprogramm, das speziell auf Sie, auf Ihre Zweifel und Fragen, Sorgen und Nöte, aber besonders auf Ihre Wünsche und Träume eingeht. Mehr als zwei Millionen Menschen haben unter meiner Anleitung – live, in meinen Seminaren, Workshops und Elitetrainings – die gewaltige Kraft erkennen können, die in ihnen steckte. Auch Sie werden auf den nächsten Seiten dieses Buches diese Kraft in sich entdecken, und Sie werden am Ende auch wissen, wie Sie diese nutzen können, um Ihre Träume wahr werden zu lassen.

Dieses Aktionsprogramm ist nur mit einer einzigen Zielsetzung entwikkelt worden: Ihnen dabei zu helfen, in Ihrem Beruf als Verkäufer noch erfolgreicher und eine stärkere Persönlichkeit zu werden. Dieses Buch soll Ihnen dabei helfen, beides miteinander zu vereinen, damit Sie es zum wahren Verkaufs-Champion bringen.

Wir wissen inzwischen, daß die meisten Menschen heute nur maximal ein bis drei Prozent ihres gesamten Hirnpotentials einsetzen. Dieses Buch bietet Ihnen die Möglichkeit, ein Vielfaches davon zu nutzen. Glauben Sie an sich selbst, leben Sie Ihre Träume, und realisieren Sie Ihre Visionen. Ein Leben voll unglaublicher Erfolge, grenzenloser persönlicher Höchstleistungen, Glück, Zufriedenheit, Harmonie, Energie, Vitalität und Gesundheit wartet auf Sie.

Dieses Buch ist das bisher fehlende Bindeglied zwischen dem Vermitteln von Strategien und Techniken und dem Treibstoff, der Energie, der Motivation, um das erlernte Wissen und Können auch erfolgreich einzusetzen. Es ist Hilfe zur Selbsthilfe, ein wertvoller Baustein für bleibende Eigenmotivation. Mein Ziel ist es, Ihnen die Grundlagen für den Erfolg im Beruf des Verkäufers zu vermitteln oder Sie an diese zu erinnern. Mit gesundem Selbstvertrauen, stabilem Selbstwertgefühl und dem Wissen um die eigenen schier unerschöpflichen Möglichkeiten werden Sie eine erfolgreiche Verkäuferpersönlichkeit entwickeln, die mit Kompetenz, Professionalität und Überzeugungskraft zum Wohle des Kunden tätig ist.

Nicht was wir wissen und was wir tun könnten, verändert unser Leben, sondern unser Lebenserfolg wird dadurch bestimmt, was wir von dem, was wir wissen, nutzen und anwenden. Dieses Buch hilft Ihnen dabei, nicht nur ein stabiles Fundament von Wissen und Können für Ihren Beruf aufzubauen, sondern vor allen Dingen, das Erlernte auch effektiv, begeistert und leidenschaftlich, unter voller Ausnutzung Ihrer Möglichkeiten und unter Einsatz aller Fähigkeiten umzusetzen. Damit schaffen Sie den Erfolg und die Lebensqualität, die Sie sich wünschen.

Erfolg ist abhängig von einem positiven Selbstimage. Dazu gehören Selbstvertrauen, Selbstwertgefühl und hundertprozentige Identifikation mit dem Beruf. Dies beweist eine Studie der Harvard University, die besagt, daß 85 Prozent jedes beruflichen Erfolgs von der mentalen Einstellung abhängen und nur 15 Prozent von Fähigkeiten, Fachwissen und Techniken.

Das, was den wahren Erfolg schafft, ist die Anwendung der Grundlagen des Erfolgs – die Fähigkeit zur bleibenden Eigenmotivation, sich ständig durch den starken Glauben an sich und seinen Beruf zum Handeln und Durchhalten zu motivieren. Das Potential für Verkaufserfolg liegt in Ihnen, und nach der Lektüre dieses Buches werden Sie in der Lage sein, den Verkaufs-Champion in sich zu erkennen, ihn zu erwecken und in Ihrem Leben den Erfolg zu realisieren, von dem andere nur zu träumen wagen.

Dieses Buch wurde ebenso für den professionellen Verkäufer geschrieben wie für den Manager in einem Verkaufsunternehmen oder den Anfänger. Es erklärt die Grundlagen für den Erfolg eines Verkäufers und soll in erster Linie bewußt machen, welch großartigen Beruf der Verkäufer ergriffen hat und wie stolz er auf sich sein kann und auf das, was er tut.

Dieses Buch hilft Ihnen aber nicht nur, ein besonders erfolgreicher Verkäufer zu werden, sondern es schafft die Grundlage dafür, Ihre Persönlichkeit zu entwickeln und zu einem Verkaufs-Champion zu werden, der im finanziellen, privaten und gesundheitlichen Bereich, in jedem Bereich seines Lebens, unbegrenzte Erfolge und persönliche

Höchstleistungen erzielt. Jeder, der dieses Buch vom Anfang bis zum Ende liest, alle darin enthaltenen Aufgaben sorgfältig erledigt, fühlt sich am Ende selbstbewußter, stärker, sicherer und motivierter als jemals zuvor.

Ich kenne die Nöte, Ängste, Frustrationen, Depressionen, Demotivationsphasen, Energietiefs, Sorgen und Zweifel, die in der beruflichen Tätigkeit eines Verkäufers auftreten können. Gerade deshalb konzentriere ich mich in diesem Buch darauf, Ihnen zu Spaß und Freude an der Arbeit und zu einem erfüllten und erfolgreichen Leben zu verhelfen.

Das von mir entwickelte NAPS-System (Neuro-Assoziative-Programmierungs-Systeme) ist eines der erfolgreichsten Selbsthilfesysteme weltweit. Alles, worüber ich schreibe, habe ich selbst erkannt, erfahren und weiterentwickelt. Auf einem ungewöhnlichen beruflichen Lebensweg, der mir bereits im Alter von zwölf Jahren erste große Prüfungen auferlegte, habe ich ein holistisches Erfolgs- und Gesundheitssystem geschaffen. Damit gelang es mir nicht nur, scheinbar unheilbare Krankheiten zu überwinden, sondern auch Millionen von Menschen zu Glück und Zufriedenheit, Harmonie in den Partnerschaftsbeziehungen und im gesundheitlichen Bereich zu Vitalität, Fitneß und Energie zu verhelfen.

Ich bin sicher, daß alle dafür erforderlichen Voraussetzungen bereits in jedem Menschen vorhanden sind. Es gilt, sich diese Grundlagen bewußt zu machen und dafür zu sorgen, daß diese wirksam werden. Dann können Sie an sich selbst glauben, an Ihren Erfolg, an Ihre Zukunft, die Sie mit Ihrem großartigem Beruf, dem des Verkäufers, erfolgreich gestalten werden.

Mit der Hilfe dieses Buches werden Sie erkennen, daß Sie alle Anlagen haben, ein echter Verkaufs-Champion zu werden, und leichte, einfache und nachvollziehbare Techniken, Erkenntnisse und Strategien werden Ihnen helfen, Ihr wahres Potential so schnell wie möglich zu erkennen und zu nutzen. Lassen Sie sich helfen, das Leben selbst in die Hand zu nehmen und – unabhängig von Rahmenbedingungen, Umständen, anderen Menschen, wirtschaftlichen Situationen – in jedem Lebensbereich so erfolgreich zu sein, wie Sie es nur sein können.

Nutzen Sie dieses Buch für sich, und geben Sie es an Freunde, Verwandte, Kinder, Lebenspartner, Kollegen und Kunden weiter. Tragen Sie selbst dazu bei, daß Ihr Berufsstand, der des Verkäufers, die Anerkennung und Achtung erhält, die er verdient.

Inhaltsverzeichnis

Einleitung

Der Beruf „Verkäufer"

Sehr geehrte Leserinnen, bitte gestatten Sie mir, der Einfachheit halber in diesem Buch nur vom Verkäufer zu sprechen, obgleich ich sehr genau weiß, daß es sehr viele und sehr erfolgreiche Frauen gibt, die diesen Beruf ausüben. Es ist für mich einfacher zu schreiben und für Sie vermutlich einfacher zu lesen. Verkäufer steht hier nicht ausschließlich für einen männlichen Verkäufer, sondern für eine Lebensphilosophie, eine Einstellung, als Titel und Bezeichnung für die eingeschworene Gemeinschaft derjenigen, die bereit sind, so sehr an sich selbst, ihre eigenen Fähigkeiten, Talente, Möglichkeiten und ihr eigenes Produkt- und Serviceangebot zu glauben, daß sie jeden Tag beweisen möchten, was sie zu leisten in der Lage sind.

> Der großartige Beruf des Verkäufers ist nichts für unprofessionelle Menschen oder solche, die einfach nur einmal versuchen möchten, etwas zu verkaufen. Verkaufen ist eine Passion, eine Leidenschaft, etwas, dem man sich hundertprozentig widmen und hingeben muß.

Wer den Mut hat, den Beruf des Verkäufers zu ergreifen, muß zum Wohle des Kunden und in seinem eigenen Interesse dazu bereit sein, die besonderen Herausforderungen, die es nur in diesem Beruf gibt, anzunehmen.

Gerade am Anfang der Tätigkeit als Verkäufer kann es hart, schwer, auch oft unfair oder gar unerträglich sein, immer wieder den Mut zu finden, „auf die Piste" zu gehen. Täglich oder gar stündlich sind Sie gefordert, 100 Prozent Ihres Wissens, Ihrer Talente, Ihrer Fähigkeiten, Ihrer Begeisterung, Leidenschaft und Ihres Enthusiasmus zu geben, um einen Verkauf abzuschließen. Im Verkauf können Sie sich nicht auf vergangene Erfolge beziehen, können sich nicht auf Erfolgen aus der Vergangenheit ausruhen.

Verkaufen ist eine Philosophie, eine Lebenseinstellung, und Sie müssen ständig neu Ihr Wissen, Ihre Talente, Fähigkeiten und Techniken trainieren und weiterentwickeln. Sie müssen alles, was Sie jemals gelernt haben und lernen werden, immer wieder neu umsetzen, und Sie müssen wissen, daß der Verkäufer, der am meisten abgelehnt, am häufigsten zurückgewiesen und vielleicht sogar beleidigt, erniedrigt wird und der dennoch durchhält, weitermacht und ständig alles gibt, garantiert derjenige Verkäufer in einer Firma sein wird, der den meisten Umsatz erbringt und der bei seinen Kunden am erfolgreichsten sein wird.

Verkaufen ist ein Zahlenspiel: Je mehr Sie tun, um so bessere Ergebnisse werden Sie produzieren. Je mehr Sie aus diesen Ergebnissen lernen, um so mehr Erfolge werden Sie in der Zukunft verbuchen. Je mehr Kunden Sie täglich ansprechen, um so mehr Abschlüsse werden Sie haben. Aber Sie werden gleichzeitig um so mehr Ablehnungen, Zurückweisungen und um so öfter ein Nein ertragen müssen.

Sie hätten sich natürlich auch für einen Beruf entscheiden können, bei dem Sie von neun bis 17 Uhr am Fließband stehen, ein regelmäßiges Einkommen und Ihren geregelten Urlaub haben, sich einfach einmal krank melden können, wenn es Ihnen nicht besonders gutgeht. Aber Sie hätten sich auch damit abfinden müssen, daß Sie niemals Ihr eigener Herr sein würden, daß Sie Ihre Zeit nicht selbst einteilen können, daß Sie von vielen anderen Menschen abhängig sind. Gleichzeitig hätten Sie sich dafür entschlossen, lediglich ein festes Einkommen zu haben, welches Sie vielleicht durch Überstunden ein wenig aufbessern könnten. Ganz gleich, wieviel Einsatz Sie auch erbrächten, Sie würden es letztendlich immer für einen anderen tun, der dann die Erfolge aus Ihrer Leistung seinem Konto gutschreiben könnte. Sie haben sich aber dafür entschieden, Ihr eigener Herr zu sein und Ihr Einkommen durch Mehreinsatz selbst erhöhen zu können und sind deshalb Verkäufer geworden.

Ich möchte aber auch nicht, daß Sie den Beruf des Verkäufers mit zu großen Illusionen betrachten und sich sagen: „Ja, ich habe ein gutes Produkt, eine großartige Firma, die hinter mir steht. Also ist es ganz leicht, in diesem Bereich erfolgreich zu sein."

Nein, glauben Sie mir, ganz leicht ist es nicht, und ganz leicht wird es niemals sein. Es wird vielleicht leichter, angenehmer — aber es wird niemals einfach sein. Denn Sie werden immer wieder gefordert, täglich

Ihr Bestes zu geben, immer ein Stückchen weiter zu gehen als andere und immer einmal mehr aufzustehen, als das Leben Sie niederwirft.

Aber in keinem anderen Beruf können Sie so gut herausfinden und beweisen, wer und was Sie wirklich sind. Nur hier haben Sie die Möglichkeit zu zeigen, wie viele Ideen, wieviel Kreativität, Schaffenskraft, Willenskraft und Energie in Ihnen steckt, wie flexibel Sie sind, wie stark Sie die Fähigkeit des Handelns und Durchhaltens praktizieren können. Nur als Verkäufer haben Sie die einmalige Möglichkeit und die Chance, Ihrer Leistung entsprechend fair und korrekt entlohnt zu werden. Sie haben die Möglichkeit der freien Zeiteinteilung, die großartige Herausforderung, täglich neuen Menschen dabei helfen zu dürfen, deren Bedürfnisse zu definieren, bewußt werden zu lassen und dem Kunden durch Ihr Produkt oder Serviceangebot dabei zu helfen, seine Bedürfnisse optimal zu befriedigen.

Doch in Wirklichkeit kauft der Kunde nicht nur ein Produkt, er „kauft" Sie, den Verkäufer. Verkauf ist ein Transfer von Vertrauen und Emotionen, und Ihr persönlicher Erfolg hängt von Ihrer Bereitschaft ab, nur das Wohl des Kunden im Auge zu haben und sonst nichts. Um ein großartiger Verkäufer zu werden, müssen Sie zuerst ein großartiger Mensch sein. Denn Erfolg kommt immer von innen, er ist nichts weiter als die Reflexion einer Lebenseinstellung, Weltanschauung, einer Zielsetzung und eigener Entscheidungen, die unsere Handlungen bestimmen.

Vor dem realen, faßbaren, materiellen, sichtbaren Erfolg, steht der innere Erfolg, der Kampf gegen sich selbst, der Sieg über sich selbst. Zuerst müssen Sie lernen, ein Sieger zu sein, und das bedeutet, Sie müssen sich selbst besiegen: die eigenen Sorgen, Zweifel und Ängste, den inneren Schweinehund, die Stimme, die sagt: „Tu es morgen" oder „Gib doch auf", das Zögern, die Bequemlichkeit und all das, was Sie sonst noch davon abhält, die große Persönlichkeit, der großartige Mensch zu sein, der Sie sein wollen und der Sie auch sein können.

Bei meiner Arbeit habe ich es immer wieder erlebt: Jeder Mensch, wirklich jeder Mensch auf dieser Erde, ist für Erfolg geboren, denn er ist aus den stärksten Genen von Vater und Mutter entstanden, hat die gefährlichsten neun Monate im Leben eines Menschen, nämlich die Monate des Heranwachsens im Mutterleib, erfolgreich überstanden und sogar die Gefahr der Geburt, des gefährlichsten Augenblicks im menschlichen Dasein, wenn Millionen und Milliarden von Bakterien über ihn herfallen und auch medizinische Konflikte auftreten können. All das hat der Mensch nach seiner Geburt erfolgreich überstanden, und deshalb ist er für Erfolg geboren, er ist der geborene Sieger. Doch tragen wir dies nur als Saatgut in uns, und ohne unser Zutun wird es nicht wachsen und nicht reifen.

> Die Herausforderung, die uns das Leben stellt, ist die, daß wir zwar mit allen Möglichkeiten, Fähigkeiten und Talenten auf diese Welt gekommen sind, aber selbst dafür sorgen müssen, daraus das Bestmögliche und Effektivste zu machen.

Für den Verkäufer ist diese Chance am allergrößten. Denn er wird täglich mit neuen Herausforderungen konfrontiert, immer wieder durch andere Menschen, immer auf eine neue Art und Weise. Er kann das in ihm bereitstehende Erfolgspotential finden, entwickeln und in voller Größe nach außen wachsen lassen.

Zwangsläufig steht nach dem inneren Erfolg, der Bereitschaft, Entscheidungen zu treffen, positiv zu handeln, durchzuhalten, immer sein Bestes zu geben und einmal mehr aufzustehen, als das Leben einen niederwirft, der ganz große äußere Erfolg. Und nach meiner Erfahrung haben Sie nirgendwo auf der Welt größere Chancen, ein erfolgreicher Mensch zu sein, der mit sich in Harmonie lebt, der zufrieden ist, finanziell frei und der sein Leben unabhängig gestaltet und erfüllte private und berufliche Partnerschaftsbeziehungen unterhält, als im Verkauf.

Wenn Sie sich nunmehr entschlossen haben, sich dem Beruf des Verkäufers zu widmen, sich verpflichten, mit Leidenschaft und Begeisterung an Ihrem privaten und beruflichen Erfolg zu arbeiten, dann sind Sie auf dem richtigen Weg, dann ist dieses das richtige Buch für Sie. Es wird Ihnen dabei helfen, Sie weit über die Grenzen Ihrer vermuteten Möglichkeiten hinauszutragen, und Ihnen beweisen, daß Sie in sich selbst keine Grenzen haben, wenn Sie sich keine setzen, daß Sie alles erreichen, sein, besitzen können, wovon immer Sie träumen.

Wenn Sie jetzt und hier die Entscheidung treffen, dieses Buch weiterzulesen und damit zu arbeiten, dann werden Sie in ungeahnter Weise Hindernisse durchbrechen, Hürden überwinden, Talente und Fähigkeiten entdecken und entwickeln. Sie werden Ihre wahre Größe erkennen, einen Sinn und ein Gespür für effektiven und erfolgreichen Verkauf entwickeln und sehen, daß ein erfolgreicher Verkäufer nicht nur ein

Verkaufs-Champion, sondern auch in jedem anderen Bereich seines Lebens eine großartige Persönlichkeit ist.

Entscheiden Sie sich jetzt, hier und heute, ein für allemal dafür, daß Sie in Zukunft kein Leben in Einschränkungen und Beschränkungen, Mangel, Sorgen, Not, Unsicherheit, Angst und Zweifel verbringen wollen. Entschließen Sie sich dazu, von heute an Ihr Leben selbst in die Hand zu nehmen. Sie werden nichts mehr dem Zufall überlassen und durch eigene klare Zielsetzung, konkrete Aktionspläne und die Bereitschaft für effektives, flexibles und konstantes Handeln Ihr Leben zu dem Meisterstück machen, das es verdient zu sein. Sie werden Ihr Leben und das Ihrer Mitmenschen mit Begeisterung, Leidenschaft und dem süßen Geschmack des ganzheitlichen Erfolgs füllen:

> *„Ja, ich werde ein Verkäufer sein, ich werde meine Persönlichkeit entwickeln, den Verkaufs-Champion in mir finden und wecken. Ich bin bereit, Verantwortung und Kontrolle über mein Leben zu übernehmen und dadurch mein Schicksal und meine Zukunft zu bestimmen. Ich bin zu besonderen Handlungen und Ergebnissen fähig. Ich bin etwas Besonderes. Ich bin für den Erfolg geboren, und ich werde mich nie wieder mit weniger zufrieden geben als ich sein, besitzen oder erreichen kann, weil ich weiß, daß ich für den Erfolg geboren bin."*

Wenn Sie diese Entscheidung für sich wirklich getroffen haben, dann heiße ich Sie herzlich willkommen im großartigen Berufsstand des Verkäufers. Willkommen auf der erfolgreichen Seite des Lebens!

Das Fundament Ihres Erfolgs

Zu Beginn möchte ich ausdrücklich darauf hinweisen, wie wichtig es ist – für „alte Hasen" ebenso wie für Anfänger –, daß nur regelmäßiges Training, ständige Weiterbildung, Wiederholung und das Praktizieren von altbekannten Techniken, Strategien und Wissen die Grundlage für Erfolg im Verkauf darstellen.

Niemand ist zu alt und zu erfahren, um nicht noch Neues zu erlernen oder sich Altes wieder bewußt zu machen. Denn nach einem gewissen Abstumpfungsprozeß nutzen wir irgendwann nur noch einem Bruchteil unserer Möglichkeiten. Nach einer kurzen Phase der Begeisterung, in der wir alles nutzen, was wir wissen und können, gehen wir zu einer Art Light-Version unserer Fähigkeiten über, die in der Regel auch funktioniert und uns den geringstmöglichen Aufwand beschert.

Dies entspricht aber nicht unseren Möglichkeiten, unserem vollen Potential und führt uns auch nicht in die finanzielle Freiheit und Unabhängigkeit, die wir uns wünschen. Es ist besonders wichtig, daß Sie, wenn Sie in diesem Buch Aussagen, Strategien und Techniken finden, die Sie schon längst kennen, dies zum Anlaß nehmen zu fragen: „Nutze ich dieses Wissen eigentlich in meinem täglichen Arbeitsablauf, nutze ich es zu 100 Prozent?" Es kommt also nicht darauf an, was Sie können oder was Sie tun könnten, sondern lediglich darauf, daß Sie Ihr Können und Wissen auch anwenden.

Durch Wissen allein wird nichts bewegt, sondern nur angewandtes Wissen kann etwas bewirken. Nicht Wissen ist Macht, sondern angewandtes Wissen ist Macht.

Wenn Sie in diesem Buch also regelmäßig auf Altbekanntes stoßen, dann gehen Sie nicht in die Falle und sagen: „Das kenne ich schon, darüber brauche ich nicht nachzudenken, das brauche ich nicht zu lesen." Lesen Sie diese Passagen ganz bewußt, und fragen Sie sich ständig: „Nutze ich es auch so, wie ich es wirklich nutzen könnte? Was davon sollte ich in Zukunft öfter nutzen?" Wiederholung ist die Mutter aller Fähigkeiten, und gute Fähigkeiten sind die Grundlage für Erfolg.

Die Stärke des Fundaments eines Hauses bestimmt die Stabilität des Hauses, das darauf gebaut wird. Bei einem Hochhaus befinden sich zwei Drittel des verbauten Betons im Fundament, also unterhalb des sichtbaren Bereichs. Genauso wie das nicht Sichtbare das notwendige Fundament für die Stabilität und die Höhe eines Hauses darstellt, stellt das Anwenden der Grundlagen des Erfolgs das Fundament für Ihren Lebenserfolg dar.

Ein Arzt darf nie wichtige Grundlagen in Untersuchung, Diagnostik und Therapie außer Acht lassen. Genausowenig dürfen Sie die Grundlagen Ihres großartigen Berufsstandes außer Acht lassen.

Immer wieder höre ich von Führungskräften, Managern und Verkäufern, wenn wir mit einem Zielsetzungsworkshop begonnen haben: „Das kenne ich schon, das weiß ich schon alles." Auf die Frage, ob sie auch alles praktizieren, was zu einer richtigen Zielsetzung gehört, ob sie klare Ziele setzen, Motivationsstrategien für die Realisierung entwickeln und auch bis zur Realisierung eines Zieles durchhalten, ob sie Aktionspläne erstellen, sich an einen klaren Zeitplan halten, antworten mindestens 90 Prozent mit „Nein".

Seien Sie bitte vorsichtig, und gehen Sie nicht in die Falle der Bekanntheit. Manche Dinge haben wir in unserem Leben schon so oft gehört, sie kommen uns so bekannt und vertraut vor, daß wir gar nicht mehr hinhören, wenn jemand über solch ein Thema spricht. Die Problematik liegt jedoch darin, daß wir zwar alles wissen, aber nur in den seltensten Fällen alles tun, ähnlich wie im oben erwähnten Beispiel. Nicht was wir wissen, macht uns erfolgreich, sondern das, was wir von unserem Wissen umsetzen, bestimmt unseren Erfolg.

Der ständig wachsende Erfolg des Verkaufs-Champions wird durch die Stabilität des Fundaments bestimmt. Zu den Grundlagen zähle ich Kommunikationfähigkeit, psychologisches Hintergrundwissen, Einstellung, persönliches Erscheinungsbild, Produkt- und Fachwissen, das Beherrschen von Verkaufsstrategien und ähnliches. Gleichzeitig hängt der Erfolg davon ab, wie sehr der Verkäufer in der Lage ist, sich flexibel weiterzuentwickeln, Neues zu erlernen, mit Altbekanntem zu vermischen und so ständig auf dem neuesten Stand für effektive Verkaufsfähigkeiten und Erfolge zu sein.

Kapitel 1
Den Verkaufs-Champion
in sich entdecken

Die Harvard University hat in einer Studie festgestellt, daß 85 Prozent jedes beruflichen Erfolgs von der individuellen mentalen Einstellung des einzelnen abhängig sind. Lediglich 15 Prozent des beruflichen Erfolgs werden auf Talent, Fähigkeiten und fachliches Wissen zurückgeführt. Und das ergibt den Beweis für meine Philosophie, daß jeder Mensch in jedem Bereich des Lebens erfolgreich sein kann, wenn er die notwendigen Faktoren für wahren Erfolg kennt, sie beherzigt und entsprechend handelt.

Im Verkauf können Sie niemals besonders erfolgreich sein, wenn Sie lediglich Abschlußtechniken trainieren, Verhandlungs- und Beratungsstrategien auswendig lernen, so wie es in europäischen Unternehmen und in Fortbildungsseminaren häufig geschult wird. Sie müssen herausfinden, wer und was Sie wirklich sind, was Sie vom Leben erwarten, was Sie bereit sind einzusetzen, was Sie bereit sind zu geben. Dann erst eröffnet sich Ihnen die Möglichkeit, an Ihrem Erfolg zu arbeiten.

Erfolg kommt nicht von allein, und selbst derjenige, der eine Million Mark im Lotto gewinnt, wird innerhalb eines Jahres nichts mehr von seinem Gewinn haben, wenn er als Persönlichkeit nicht entsprechend gereift und gewachsen ist. Menschen verschwenden Gewinne und Erbschaften, weil sie dieses Vermögen nicht selbst verdient oder geschaffen haben. Das Selbstimage, das Bild von uns selbst, von unseren Fähigkeiten und Möglichkeiten, unseren Talenten und Zielen, das wir in uns tragen, bestimmt, was wir in unserem Leben erreichen wollen, welche Einsatzbereitschaft wir erbringen, wie lange wir durchhalten und mit welcher Kraft und Intensität wir am Erreichen unserer Ziele arbeiten.

Glauben wir nicht daran, ein bestimmtes Ziel erreichen zu können, werden wir auch nur mit halber Energie und halbem Enthusiasmus an der Erfüllung dieser Aufgabe arbeiten. Glauben wir jedoch daran, daß wir ein ganz bestimmtes Ziel erreichen werden, sind wir auch bereit, mit großer Einsatzbereitschaft und entsprechendem Durchhaltevermögen an dem Erreichen unserer Ziele zu arbeiten. Es ist gleichzustellen mit dem Spieler auf dem Fußballplatz, der glaubt, den Ball nicht mehr erreichen zu können. Er läuft zwar los, aber man sieht an seiner Geschwindigkeit, an seinem Gesichtsausdruck, daß er nicht an seinen Erfolg glaubt.

Nur zehn Prozent der Mitglieder eines Berufstandes sind besonders erfolgreich, und es sind eben diese zehn Prozent, die gelernt haben, ihre eigene Größe zu erkennen, zu entwickeln. Es sind die wenigen, die bereit sind, die „110 Prozent" an Einsatz zu erbringen, die für den ganz besonderen Erfolg notwendig sind.

Selbstverständlich weiß ich, daß auch Wissen, Technik und Strategie für Ihren Verkaufserfolg bedeutsam sind. Doch schon jetzt möchte ich Ihnen das Bewußtsein vermitteln, daß jede Technik und jede Strategie nur so gut sein kann wie derjenige, der sie anwendet.

> Erfolg ist niemals ein Übernacht-Ereignis, sondern immer das Ergebnis von konkreter Zielsetzung, effektiver Strategie, Durchhaltevermögen und flexiblem Handeln.

Es gibt für diese Formel keine Ausnahme, auch wenn Sie manchmal glauben, daß ein Sänger oder eine Gesangsgruppe nur einen richtigen Superhit gelandet hat, weil diese Gruppe oder dieser Sänger zur richtigen Zeit am richtigen Ort war. Wir hören nur nicht von den vielen Fehlversuchen, von den vielen Gratis-Auftritten in irgendwelchen Bars oder Diskotheken, von den vielen Ablehnungen, Zurückweisungen und Mißerfolgen dieser Künstler, weil sie ganz plötzlich in den Mittelpunkt unserer Aufmerksamkeit gelangten. Wir übersehen dabei, daß auch Bill Gates ganz klein begonnen hat, um doch in kürzester Zeit zu einem der reichsten Menschen der Welt zu werden. Bedenken Sie, daß der geniale Erfinder Thomas A. Edison, der unter anderem das elektrische Licht, das Grammophon, die Batterie und Hunderte anderer Erfindungen gemacht hat, ein Leben voller Enttäuschungen, Mißerfolgen und Zurückweisungen durchlitten hat. Doch seinen Erfolg ständig vor Augen, war er niemals bereit aufzugeben.

Die Erfolgsgeschichten meiner Leser, Seminarteilnehmer und Klienten zeigen, daß jeder Mensch erfolgreich sein kann, wenn er nur wirklich will und zuvor gelernt hat, an sich selbst und seine Fähigkeiten, Möglichkeiten und Talente zu glauben.

Das Selbstverständnis des Verkäufers

Sie sind hier auf dieser Welt, um Ihren Beitrag zu leisten, um Ihr Leben und das anderer Menschen zu gestalten, und solange wie Sie etwas geben, werden Sie leben. Und ich weiß, daß jeder einzelne von Ihnen die Fähigkeit, die Möglichkeit, das Talent und auch den Willen besitzt, aufrecht und gerade zu stehen und sein Scherflein dazu beizutragen, damit Ihr Leben in Ihrem großartigen Beruf ein Erfolg wird.

Ich möchte, daß Sie Stolz empfinden und Ihren Stolz darin wiederfinden, wenn Sie Ihren verdienstvollen Beruf im Verkauf oder in der Beratung ausüben. Seien Sie sich der Rolle bewußt, die Sie in einer Marktwirtschaft, die auf Wettbewerb, Qualität der Produkte und hervorragendem Service basiert, spielen.

Es wird immer Gruppierungen geben, die Kreativität und Wettwerb stören oder vernichten wollen, weil die Angehörigen dieser Gruppen genau wissen, daß sie selbst nicht in der Lage sind, durch Leistung und Service entsprechende Erfolge zu produzieren. Trotzdem wollen sie ihren Anteil an der Produktivität und Kreativität ihrer Mitmenschen, ohne etwas dafür zu leisten. Sie glauben, daß sie selbst niemals in der freien Wirtschaft existieren könnten und wollen deshalb jede Form von Kreativität, besonderer Leistung oder besonderem Service eliminieren.

Und diese Versager haben es geschafft, daß viele Menschen glauben, sie müßten sich, wenn sie reich und erfolgreich sind, nur noch gegen eine Welt voll Mißgunst und Neid erwehren. Das Gegenteil ist richtig, denn wenn Sie in Ihrem Leben den nächsthöheren Level erreichen, nämlich Anerkennung, Achtung, finanzielle Freiheit, eine erfolgreiche Karriere, werden Sie bemerken, daß Gleiches Gleiches anzieht. Schon bald werden Sie sich in einem vollkommen neuen Freundes- und Bekanntenkreis bewegen, der Ihrem neuen Niveau, Ihrem neuen Denken und Ihrem neuen Stand in der Gesellschaft gerecht wird.

Sie werden dann auch sehr schnell feststellen, wer in Ihrem Freundes- und Bekanntenkreis ein wirklicher Freund ist und Ihnen den Erfolg gönnt. Sie werden aber auch erkennen, wer in der Lage ist, sich mit

Ihnen weiterzuentwickeln, und wer nicht. Auf jeder Entwicklungsstufe müssen Sie neu überdenken, mit welchen Menschen Sie künftig mehr und mit welchen Sie künftig weniger Zeit verbringen sollten.

Lassen Sie sich also von niemandem einreden, schon gar nicht von Erfolglosen, Sie müßten zwangsläufig etwas falsch machen, wenn Sie erfolgreich sind. Denn bedenken Sie, unsere Gesellschaft ist so strukturiert, daß das, was Sie verdienen, in einem direkten Verhältnis zu der Leistung steht, die Sie dem Unternehmen, das Sie bezahlt, geben.

Also, Verkaufs-Champions, gehen Sie aufrecht und stolz, stehen Sie zu Ihrem Beruf, und sagen Sie voller Stolz: „Ja, ich bin ein Verkäufer, ich liebe es, ein Verkäufer zu sein, und ich bin sehr stolz darauf."

Bewegen Sie sich voller Stolz und Sicherheit, denn Sie wissen, Ihr Leben hat einen Sinn, Sie haben ein Ziel gefunden und leben entsprechend. Sie haben sich dazu verpflichtet, besseren Service zu leisten, bessere Produkte zu verkaufen und Ihren Beitrag für die Gesellschaft zu leisten. Ich hoffe, daß Sie Stolz in Ihrem Herzen tragen und dieses Gefühl des Stolzes jetzt in sich empfinden. Obwohl ich Sie nicht kenne, bestätigt die Tatsache, daß Sie mit diesem Buch arbeiten, daß Sie etwas Besonderes sind, und ich – und davon können Sie ganz sicher ausgehen – bin sehr stolz auf Sie, Verkaufs-Champion!

Das Selbstimagekonzept

Die Harvard University hat in einer Studie festgestellt, daß wir alle bis zu unserem 18. Lebensjahr 148 000mal gehört haben „Nein, das geht nicht, das kann man nicht, das schaffst du nicht" und daß wir mindestens 22 Mal pro Tag ähnliche negative Aussagen hinsichtlich unserer Fähigkeiten und Möglichkeiten zu hören bekommen. Wir sind also darauf konditioniert worden, Versager zu sein und uns entsprechend zu verhalten. Wir erwarten als künftigen Ausgang einer Situation das Negative anstelle des Positiven.

Wenn wir jedoch einmal nachdenken, dann wird uns bewußt, daß in der Regel das Gute und nicht das Negative geschieht, denn sonst könnten Versicherungen nicht existieren. Sie können es nur, weil nicht alle Häuser brennen und die Menschen in der Regel nicht vorzeitig den

Unfalltod sterben. Versicherungen leben davon, daß in der Regel das Positive geschieht, obwohl wir das Negative befürchten.

So sind wir also darauf konditioniert worden, das Nein vom Kunden zu erwarten, obwohl wir mit aller Gewalt auf ein Ja hinarbeiten. Unser Selbstimage wird durch Programmierungen aus unserer Umwelt, beginnend bei unseren Eltern, Großeltern, Lehrern, Ausbildern, Vorbildern, den Medien und durch alle anderen Informationen, die in irgendeiner Form an uns herangetragen werden, wesentlich geprägt. Diesen Informationen entsprechend bilden wir unser Image, also unser Selbstbildnis, das wie eine Art Bauzeichnung für unsere künftigen Handlungen und Entscheidungen steht. Entsprechend unserem Selbstbildnis beginnen wir uns zu kleiden, zu bewegen, zu verhalten, zu sprechen, zu handeln – oder auch nicht zu handeln.

Jedes menschliche Verhalten ist unmittelbar abhängig von der Software (der Programmierung), die wir in die Hardware (unsere Gehirn) eingeben. Es ist wie mit Ihrem Computer: Er kann nur das leisten, wozu Sie ihn durch die Software befähigen. Wenn Sie also ein Übersetzungsprogramm installieren, können Sie nicht erwarten, daß Sie damit Buchführungsprobleme lösen können. Der Output entspricht dem mit Ihren Fähigkeiten potenzierten Input. Nur was Sie eingeben, kann auch herauskommen – und nichts anderes.

Aus diesem Grund müssen Sie in Zukunft besonders darauf achten, mit welchen Menschen Sie sich umgeben, welche Zeitungen Sie lesen, welche Medien Sie verfolgen, auf wen Sie hören und auf welche Art von Botschaften, Nachrichten und Informationen Sie Ihre Aufmerksamkeit richten. Denn all das ist ein Bestandteil der Prägung Ihrer Software und dafür verantwortlich, wie sich Ihr Selbstimage gestaltet oder verändert.

Jedoch sind Verhalten und Selbstimage unmittelbar miteinander verbunden und stellen eine kybernetische Schleife dar: Das eine hat direkten Einfluß auf das andere. Ist also unser Selbstimage durch unsere Vergangenheit negativ geprägt, verhalten wir uns in vielen Bereichen des Lebens unsicher, unselbständig, ängstlich, zögernd, hilflos oder sind gar handlungsunfähig.

In Zusammenarbeit mit der NAPS Research International, dem Canadian Institute of Vitality and Health, der Calvert Research Group sowie verschiedenen einzelnen Therapeuten und therapeutischen Institutionen konnte ich beweisen, daß von dem Zeitpunkt an, an dem wir die Kontrolle über unser Verhalten übernehmen, wir in gleicher Weise unser Selbstimage beeinflussen, wie zuvor das Selbstimage unser Verhalten beeinflußt hat.

Worum ich Sie nun bitte, ist, daß Sie künftig Ihr Verhalten so ausrichten, daß die Informationen, die Ihr Unterbewußtsein (Ihr neurologisches System) speichert, so positiv sind, daß sich Ihr Selbstimage entsprechend Ihrem Verhalten positiv verändert. Von heute an sollten Sie sich also so verhalten, wie Sie sein möchten, und so, als wäre alles, was Sie noch erreichen möchten, bereits eingetroffen. Wenn Sie sich lange genug entsprechend verhalten, wird sich Ihr Selbstimage verändern, und dadurch werden die gespielten, künstlich programmierten Verhaltensweisen und Denkmuster zum Bestandteil Ihres Selbstimages und zum Bestandteil Ihrer natürlichen Verhaltensweise.

Solange wie Sie also verkaufen möchten und glauben, daß Sie eigentlich nicht erfolgreich verkaufen können, werden Sie es auch nicht können. Um erfolgreich verkaufen zu können, müssen Sie Ihr Selbstimage positiv verändern, so daß Sie mit der vollen Überzeugung, daß Sie einen erfolgreichen Verkaufsabschluß tätigen werden, an den Arbeitstag herangehen. Nur wenn Sie daran glauben, effektiv und erfolgreich verkaufen zu können, werden Sie mit voller Begeisterung, Leidenschaft und Einsatzbereitschaft, mit vollem Enthusiasmus an Ihr Verkaufsgespräch oder an Ihre Präsentation herangehen und entsprechend positiv und begeisternd auf den Kunden wirken. So werden Sie diesen davon überzeugen können, daß Ihr Service- oder Produktangebot für ihn zu diesem Zeitpunkt das richtige Produkt- oder Serviceangebot ist, um damit ein bestimmtes Bedürfnis zu befriedigen oder ein Problem lösen zu können.

Der Verkauf beginnt also bei Ihnen und nicht bei Ihrem Produkt, Ihrer Firma oder Ihrem Kunden. Verkauf ist ein Transfer von Vertrauen und Emotionen, und wenn Sie dieses Vertrauen zu Ihrem Produkt, Ihrer Firma nicht selbst aufbringen, wird der Kunde das bemerken, und Sie haben keine Chance, effektiv und optimal zu verkaufen. Erst wenn Sie von Ihrem Produkt- oder Serviceangebot voll und ganz überzeugt sind, können Sie diese Überzeugung auch auf den Kunden übertragen. Und vor allem: erst wenn Sie gelernt haben, an sich selbst zu glauben, wird der Kunde an Sie glauben, denn der Kunde kauft nicht Ihr Produkt- oder Serviceangebot, sondern der Kunde kauft Sie.

Kapitel 2
Der Stolz des Verkäufers

Wie Sie bereits erkannt haben, hängt Ihr Verkaufserfolg wesentlich davon ab, daß Sie sich dessen bewußt sind, welch großartigen Beruf Sie ausüben und daß Sie allen Grund haben, sich großartig zu fühlen. Dieses Kapitel soll Ihre Sicherheit erneuern, Ihren Enthusiasmus wiederbeleben und damit Ihre Verkaufserfolge vergrößern.

Es ist nicht erstaunlich, daß die besten Verkaufs-Champions stolz darauf sind, welche Erfolge sie schaffen, daß sie stolz sind auf ihre Firma und stolz auf das, was sie verkaufen. Sie sind stolz auf den großartigen Umsatz, den sie machen, und sie sind begeistert, wenn sie an die Zukunftsperspektiven denken, die sich ihnen eröffnen. Und keiner dieser besonders erfolgreichen Verkaufs-Champions fühlt sich schlecht oder negativ dabei, wenn jemand ihn fragt, welchen Beruf er ausübt. Er sagt klar und deutlich: „Ich bin Verkäufer, und ich bin stolz darauf.“

Ganz gleich, ob Sie schon zehn, 20 oder 30 Jahre erfolgreich im Verkauf tätig sind oder ob Sie gerade den Entschluß getroffen haben, in dieses Berufsfeld einzusteigen, ich möchte Ihnen Ihren Beruf verkaufen, die Begeisterung, Leidenschaft und Motivation, den Erfolg, das Glück, die Zufriedenheit und all das Positive, das damit zusammenhängt. Sie haben den Beruf des Verkaufs-Champions gewählt und sind gleichzeitig eine Verpflichtung eingegangen: Sie haben sich dem Erfolg verpflichtet.

Kein Fortschritt ohne Verkäufer

Der Mensch, der eine Mausefalle baut, würde verhungern, wenn er darauf warten müßte, daß Menschen vorbeikommen, die an seiner Tür klingeln und sein Produkt kaufen wollen. Ganz gleich, wie gut oder notwendig ein Produkt- oder Serviceangebot auch sein mag, es muß verkauft werden.

Elaey Withney wurde ausgelacht, als er seine Baumwollpflückmaschine vorstellte. Thomas Edison mußte sein elektrisches Licht gratis in einem Bürogebäude installieren, bevor irgend jemand auch nur bereit war, es sich anzusehen und als Möglichkeit zu erwägen. Die erste Nähmaschine wurde vom Bostoner Pöbel in alle Einzelteile zerschlagen. Die Menschen waren völlig außer sich bei dem Gedanken an die Eisenbahn. Sie waren davon überzeugt, daß das Reisen mit 30 Stundenkilometern den menschlichen Kreislauf zusammenbrechen lassen würde. Man bezeichnete Westinghouse als Idioten, als er behauptete, er könne einen Zug mit Hilfe von Wind zum Stehen bringen. Morse mußte auf zehn verschiedenen Kongressen sprechen, bevor man bereit war, sich seinen Telegrafen anzusehen.

Es war also durchaus nicht so, daß die Menschheit auf Innovationen nur gewartet und sie den Erfindern aus den Händen gerissen hätte. Nein, diese Dinge mußten verkauft werden. Man benötigte Tausende von Verkäufern, die mit der gleichen Begeisterung überzeugen konnten, mit der der Erfinder sein Produkt entwickelte. Diese Verkäufer machten klar, welche Vorteile diese dem Kunden bringen und was sie leisten konnten. Sie zeigten also dem Kunden, wie er das Produkt bestmöglich nutzen konnte, und dann schulten sie den Einzelhandel, damit dieser das Produkt optimal verkaufen konnte.

> Verkäufer haben mehr dazu beigetragen, die Welt zu dem zu machen, was sie heute ist, als jeder andere Berufsstand der Welt.

Verkäufer waren in den Zeiten Ihres Ur-Ur-Ur-Großvaters genauso vital und aktiv wie in der heutigen Zeit, und Sie werden in den Zeiten Ihrer Ur-Ur-Ur-Enkel genauso aktiv und vital sein. Das Selbstverständnis des Verkaufs-Champions lautete immer schon: „Als Verkäufer habe ich Menschen geschult und ausgebildet, Arbeitsplätze geschaffen, den Umsatz zahlreicher Firmen erhöht und den Lohn für die Arbeiter erwirtschaftet. Als Verkäufer habe ich vielen Menschen ein erfüllteres und reicheres Leben ermöglicht. Als Verkäufer habe ich dafür gesorgt, daß Preise herabgesetzt wurden und die Qualität von Produkten verbessert wurde."

Ohne begeisterte Verkäufer wären Sie heute kaum in der Lage, den Komfort und den Luxus des Automobils zu genießen, genausowenig könnten Sie heute das Radio, den elektrischen Kühlschrank oder das

Fernsehen benutzen. Ohne Verkäufer würden die Räder der Industrie stillstehen. Ein Verkäufer kann stolz und dankbar sein, daß er seiner Familie dienen kann, seinem Nachbarn, seinem Land und der ganzen Welt. Als Freund, Kollege und Verkäufer fordere ich Sie auf, stolz auf sich und Ihren Berufsstand zu sein. Wann immer Sie mit anderen Menschen sprechen, tun Sie dies mit dieser Einstellung: „Hier kommt ein Verkaufs-Champion, und ich werde Sie nicht enttäuschen."

Was heißt „Verkaufen" wirklich?

Verkaufen wird in der Umgangssprache oft sehr negativ gesehen: Man fühlt sich „verraten und verkauft", Faust „verkaufte seine Seele", man muß „es" jemandem „nur richtig verkaufen" (ihn eigentlich gegen seinen Willen überreden), man möchte jemanden „für dumm verkaufen", „Ausverkauf" wird mit Ruin und Niedergang gleichgesetzt.

Doch Sie wissen es besser: Verkauf bedeutet dienen, und genau das ist es, was ein Verkaufs-Champion tut und am besten kann. Er kann seinem Kunden im wahrsten Sinne des Wortes dienen, indem er ihm Informationen, Ratschläge und Antworten gibt, die ihm bestmöglich dabei helfen, die für ihn optimale Lösung zum bestmöglichen Preis in der bestmöglichen Qualität zu erhalten.

> Sie können alles im Leben erreichen, wenn Sie nur genügend anderen Menschen dabei helfen, das zu erreichen, was diese sich wünschen!

Bedenken Sie einmal, daß die Vereinigten Staaten von Amerika auf dem Weltmarkt führend sind, obwohl es eine Nation ist, die nur ein paar hundert Jahre alt ist, obwohl Kanada, China und Europa die gleichen Ressourcen haben und obwohl Japan und Deutschland in bestimmten Bereichen führend sind. Der Grund hierfür ist ganz einfach: Amerika ist deshalb so erfolgreich, weil es eine Nation von Verkäufern ist.

Der Verkaufs-Champion Christoph Kolumbus

Amerika wurde sogar von einem Verkäufer mit dem Namen Christoph Kolumbus entdeckt, denn beim besten Willen kann man diesen Menschen nicht als einen guten Navigator bezeichnen – er suchte ja Indien. Und das hat er um 12 000 Meilen verfehlt!

Sie werden sich fragen, weshalb Christoph Kolumbus ein Verkäufer ist. Ganz einfach: Er war als Italiener in Spanien, also außerhalb seiner Heimat, sehr erfolgreich. Er hatte nur eine einzige Kundin, und wenn er mit ihr nicht handelseinig geworden wäre, hätte er gegebenenfalls nach Hause schwimmen müssen. Er ging also zu seiner Kundin, Königin Isabella, und gab eine effektive Verkaufspräsentation. Am Ende seiner Verkaufspräsentation sagte seine Kundin: „12 000 Pfund, das ist einfach zu teuer."

Doch genau wie ein professioneller Verkäufer reagierte Christoph Kolumbus nicht auf Königin Isabella, als sie sagte, der Preis sei zu hoch, sondern er konzentrierte sich auf den wesentlichen Vorteil, den er verkaufen wollte. Er stellte die Vorteile und Möglichkeiten einer erfolgreichen Expedition in den Vordergrund und verkaufte Königin Isabella von Spanien seine Idee.

Und wie Sie als Verkaufs-Champion wissen, wird der Kunde kaufen, wenn Sie Preis und Vorteil gegenüberstellen und der Vorteil überwiegt. So war es auch in diesem Fall. Kolumbus fokussierte Isabella auf den unglaublichen finanziellen Profit und die Möglichkeit, als erste den christlichen Glauben in Indien zu verkünden, und machte das so deutlich und bewußt, bis die Vorteile das Preisargument entkäftet hatten. Bedenken Sie bitte, liebe Verkaufs-Champions, solange die Vorteile durch den Erwerb des Produkt- oder Serviceangebots nicht die Preisbarriere überwunden haben, solange gibt es keinen Kauf.

Und Isabella antwortete dennoch, sie würde es ja tun, aber sie habe das Geld nicht. Kolumbus sah ihr tief in die Augen und sagte, er wisse um eine mögliche Finanzierung des Handels. Die Königin besitze genügend Schmuck, den sie verpfänden könne. Und wie wir alle aus unseren Geschichtsbüchern wissen, mußte sie wirklich eine kreative Finanzierung auf die Beine stellen, um die Entdeckungsreise möglich zu machen. Der Verkaufs-Champion sorgt also immer auch für eine für den Kunden realisierbare Finanzierung.

Und Kolumbus mußte wieder erfolgreich verkaufen, denn jeder Seefahrer segelte westwärts, weil man aus Erfahrung wußte, daß man dort auf günstige Winde treffen würde. Zur selben Zeit startete ein

Konkurrenzunternehmen mit der gleichen Absicht wie Kolumbus, jedoch durch andere Interessengruppen finanziert. Kolumbus mußte also zunächst einmal auch seiner Schiffsbesatzung verkaufen, daß sie zunächst nach Süden und erst dann westlich segeln würden. Und weil die Seeleute zu dieser Zeit sehr abergläubisch und mit Vorurteilen behaftet waren, war dies für Kolumbus nicht einfach. Alle Seeleute fuhren nach Westen, das war schon immer so. Und nun wollte plötzlich jemand nach Süden segeln – das konnte doch nur schiefgehen. Und tatsächlich meuterte die Mannschaft und versuchte sogar, Kolumbus über Bord zu werfen. Der Erfolg von Kolumbus zeigt uns aber, daß es notwendig ist, als Verkäufer neue und eigene Wege zu gehen. Kurz darauf traf Kolumbus die Kapitäne der beiden anderen Schiffe, der Nina und der Pinta. Beide Kapitäne sagte ihm, daß ihre Mannschaften sich weigerten, weiterzusegeln, sie über Bord werfen und wieder zurücksegeln wollten. Kolumbus mußte verkaufen wie nie zuvor in seinem Leben. Und er verhandelte um drei weitere Tage. Wenn am Ende der drei Tage kein Land in Sicht sei, würden sie die Rückreise antreten. Nur vier Stunden, bevor die Frist verstrichen war, hörten sie den Ruf „Land Ahoi".

Kolumbus mußte von Anfang an unglaublich effektiv und überzeugend verkaufen, er mußte in seiner Präsentation seine Begeisterung auf seine Kunden übertragen. Kolumbus entdeckte Amerika also nur deshalb, weil er ein Verkaufs-Champion war.

Der Verkaufs-Champion Sir Walter Raleigh

Sir Walter Raleigh, ein anderer großartiger Verkäufer, verkaufte den Menschen in der „alten Welt", daß sie in ein Abenteuer aufbrechen müßten, um die „neue Welt", das unbekannte Amerika, zu besiedeln und zu erobern. Er nutzte dafür das wirtschaftliche Potential und die Macht der Londoner Teehandelshäuser. Er war dafür verantwortlich, daß die ängstlichen, mit Vorurteilen behafteten Europäer ausgebildet und geschult wurden, um die Sicherheit des bekannten Heimatlandes hinter sich zu lassen und ins Ungewisse aufzubrechen, in ein Land mit grenzenlosen Möglichkeiten und Chancen.

Der Verkaufs-Champion George Washington

Von George Washington, dem ersten Präsidenten der Vereinigten Staaten von Amerika, wurde noch viel mehr Verkaufstalent verlangt. Er mußte den Siedlern, Geschäftsleuten und neuen Bewohnern von Amerika „verkaufen", daß sie gegen die größte, stärkste und mächtigste Kriegsflotte der Zeit in den Krieg ziehen müßten und er nicht einmal in der Lage wäre, sie zu bezahlen, wenn sie den Krieg gewinnen würden. Wenn sie den Krieg verlieren würden, drohte ihnen, aufgehängt zu werden. Stellen Sie sich nur einmal vor, Sie sollten für Ihr Unternehmen neue Mitarbeiter anwerben. Diese sollten für Ihr Unternehmen ohne Bezahlung verkaufen, und wenn sie keinen Verkaufserfolg verzeichnen könnten, würden sie erschossen. Es bedürfte sicherlich einer Menge Überzeugungsarbeit, um unter diesen Bedingungen erfolgreich neue Mitarbeiter zu akquirieren. Sie sehen also, Washington war ein hervorragender Verkäufer und Mitarbeiteranwerber.

Die Geschichte Amerikas wurde von Verkaufs-Champions geprägt

Von 1608 bis 1767 war nur das Gebiet bis zu den Apalachen erkundet und besiedelt worden. Aber in den nächsten 28 Jahren besiedelte man ganz Amerika bis zum Pazifischen Ozean mit der maßgeblichen Hilfe von Verkäufern, die den Mut hatten, Handelsposten über das gesamte Land zu verteilen, um Siedler mit Nahrung, Werkzeugen, wärmenden Decken und ähnlichem zu versorgen.

Wenn Sie an Thomas Jefferson denken, dann denken Sie an den Mann, der die amerikanische Verfassung entworfen hat, an einen brillanten Staatsmann und Präsidenten der Vereinigten Staaten. Aber zuallererst war er ein brillanter Verkäufer, der die Fläche der Vereinigten Staaten von Amerika damals durch den Kauf des Staates Lousiana über Nacht verdoppelte. Den Kongreß von dieser Idee zu überzeugen war ein großartiger verkäuferischer Akt, eine absolute Höchstleistung.

Verkäufer zu sein ist der sicherste Beruf unserer Zeit. Wenn heute ein junger Mensch zu mir kommt und mich um eine Berufsempfehlung bittet, die absolut sicher ist, dann würde ich diesen Menschen ehrlich und offen ansehen und ihm sagen: „Werden Sie Verkäufer." Und wenn er mich dann fragt: „Herr Coldwell, ist es nicht so, daß jeder Verkäufer nur auf Kommissionsbasis arbeitet?", dann würde ich antworten: „Ja, denn jeder arbeitet auf Kommission." Ganz gleich, welchen Beruf auch immer jemand ausübt, wenn er ein schlechter Verkäufer ist, dann wird er bald arbeitslos sein. Also arbeitet jeder Mensch auf Kommission.

Es gibt immer einen Markt für Leute, die gut verkaufen können. Dazu das folgende Beispiel:

> *In einem meiner Seminare sprachen mich in der Pause zwei junge Verkäufer an, als ich meine Bücher für sie signierte, und erzählten mir, daß sie arbeitslos seien, weil ihre Firma in Konkurs gegangen sei. Sie wüßten nicht, was sie machen sollten. Ich fragte sie, ob sie gern Verkäufer seien, und sie sagten: „Ja, es macht uns großen Spaß, und wir sind auch sehr erfolgreich." Ich sagte, wenn sie Interesse hätten, 20 Angebote für eine Position im Verkauf zu bekommen, dann sollten sie am Ende des Seminars noch einmal zu mir kommen. Nach der Pause fragte ich meine Seminarteilnehmer: „Wer von Ihnen ist im Bereich Mitarbeitergewinnung oder Rekrutierung tätig?" Es meldete sich eine große Anzahl von Personen, und ich fragte weiter: „Wer von Ihnen möchte am Ende des Seminars mit zwei ordentlichen, sauberen und kompetenten Verkäufern sprechen, die nach einer neuen Chance im Verkauf suchen?" Am Ende verließen die beiden „arbeitslosen" Verkäufer mein Seminar mit über 60 Visitenkarten.*

Wenn Manager das Gefühl haben, die Zeiten seien schlecht, leiten sie sofort Sparmaßnahmen ein und sparen dann an der Aus- und Fortbildung ihres Außendienstes. Damit schaffen sie aber meist nur die Basis für den Grabstein ihrer Firma auf dem Unternehmensfriedhof. Das wäre so, als ob Verkäufer sagen würden: „Wir haben von der Rezession gehört, und wir wissen, wie wir darauf reagieren können: Wir reduzieren einfach unsere Verkäufe." In Wahrheit aber benötigen Mitarbeiter gerade in schwierigen Zeiten Schulung und Motivation, um am Markt weiter bestehen zu können.

Verkauf ist Spaß, Herausforderung und Belohnung, denn nichts auf der Welt geschieht, bevor nicht irgend jemand irgendetwas verkauft. Und viele Verkäufer fragen sich: Was geschieht eigentlich wirklich, wenn ich verkaufe?

Ich bin sicher, daß Sie Ihren Verkauf auf einem Antrag, einer Vereinbarung, einer Bestellung schriftlich fixieren. Bis dieser Block mit dem entsprechenden Formular vor Ihnen auf dem Tisch liegt, hat er eine lange Geschichte hinter sich. Zunächst war er einmal Bestandteil eines

Baumes. Der wurde gefällt, gesägt, transportiert, zerkleinert, zu Papier verarbeitet. Als Papier wurde der Auftragsblock bedruckt, gebunden und kam dann über den Handel zu Ihnen. Mit dem Kaufpreis haben Sie ermöglicht, daß die vielen Menschen, die zum Entstehen dieses unscheinbaren Schreibblocks beigetragen haben, Geld verdienten und sich und ihre Familien ernähren konnten. An jeder einzelnen kleinen Station jedoch fand ein Verkauf statt.

Wann immer Sie einen Verkauf tätigen, bezahlen Sie all diese Menschen, und jedesmal machen Sie einen Gewinn und dadurch auch Ihr Manager und letztendlich Ihr Unternehmen. Das ist besonders deshalb wichtig, weil Sie, wenn Ihre Firma keine Gewinne macht, bald arbeitslos sein werden.

Sie selbst nehmen einen Teil Ihres Gewinns und gehen in den Lebensmittelladen, um dort beispielsweise eine Dose Bohnen zu kaufen. Und weil Sie eine Dose Bohnen kaufen, sagt der Einzelhändler zum Großhändler: „Ich brauche mehr Bohnen." Und der Großhändler wiederum sagt: „Wenn du mehr Bohnen kaufst, muß ich mehr einkaufen." Und er wendet sich an die Fabrik, die die Konserven produziert, und wenn der Produzent sieht, daß mehr Bohnen gekauft werden, wendet er sich an den Landwirt und sagt: „Ich brauche mehr Bohnen." Der Landwirt wiederum sagt: „Wenn mehr Bohnen gekauft werden, muß ich mehr anpflanzen." Und wenn er mehr Bohnen anpflanzen muß, braucht er mehr Maschinen. Er geht zum Landmaschinenhandel und sagt: „Ich brauche einen neuen Traktor." Und der Landmaschinenhändler sagt: „Weil du meinen letzten Traktor gekauft hast, muß ich einen neuen bestellen, um einen weiteren auf Lager zu haben." Und der wendet sich an die Fabrik und sagt: „Ich brauche einen neuen Traktor." Diese wiederum sagt: „Wenn du meinen Traktor kaufst, muß ich neue produzieren, und um das zu tun, muß ich mehr Eisen, Kupfer, Plastik, Gummi, Aluminium, Zink einkaufen und Produktionsfirmen auf der ganzen Welt mit Aufträgen versorgen."

All diese Menschen haben Arbeit und werden bezahlt, und all das geschieht nur aus einem einzigen Grund: Weil Sie mit Überzeugung, Begeisterung und Leidenschaft einen Verkauf erfolgreich abgeschlossen haben. Ganz gleich, mit welchen Menschen Sie zusammentreffen, ganz gleich, welchen Rang, welchen Status diese im Leben auch haben mögen: Sie verdanken ihren Lebensstandard einzig und allein der Tatsache, daß Sie und Menschen wie Sie überall auf der Welt verkaufen.

Das Image des Verkäufers

Weshalb genießen also so viele Verkäufer als Spezialisten und Experten Reputation und Anerkennung, und weshalb gibt es doch Menschen, die auf Verkäufer herabblicken? Ein Fehler ist, daß Verkäufer oft lediglich das Produkt oder den Service ihrer Firma verkaufen, nicht aber ihren Berufsstand. Andere Berufsgruppen, wie beispielsweise Ärzte, Rechtsanwälte oder Ingenieure, verfügen über Standesvereinigungen, Interessengemeinschaften oder Verbände mit eigenen Sprechern, PR-Fachleuten und Lobbyisten an den Schaltstellen der Politik. Diese Verbände stellen die Arbeit ihres Berufsstandes der Öffentlichkeit vor und sagen auch, weshalb diese Arbeit so großartig und bedeutend ist. Verkäufer haben keine Lobby und niemanden, der ihre Interessen vertritt.

Deshalb müßten alle Verkäufer verpflichtet sein, Vorbildfunktion zu übernehmen, um ihrem Berufsstand im Bewußtsein der Öffentlichkeit den Stellenwert zu verschaffen, der ihm zusteht. Und das geschieht in erster Linie über Ehrlichkeit, Korrektheit, Zuverlässigkeit, Sauberkeit und durch das Vorleben von moralischen Werten und Grundregeln. Es liegt in der Hand der Verkäufer, ihren Beruf zu dem anerkannten und geachteten Berufsstand zu machen, der er ist und der er sein soll.

Zu viele Menschen glauben immer noch, daß ein Verkäufer das typische Bild widerspiegelt, das ein Verkäufer in den zwanziger und dreißiger Jahren hatte, als er durch Tricks und Kniffe den Kunden zu beschwatzen versuchte, damit er etwas kauft, was er gar nicht braucht und das viel zu teuer ist.

Der Handelsminister der Vereinigten Staaten sagte vor sechs Jahren: „Um unsere wirtschaftlichen Probleme zu beseitigen, benötigen wir nichts weiter als eine Million professionelle Verkäufer mehr." Und der Grund dafür ist, daß jedesmal, wenn ein Verkauf abgeschlossen wird, die Wirtschaft angekurbelt wird.

Jeder Verkaufs-Champion hat die Verpflichtung, mit allen anderen Verkäufern dafür zu sorgen, daß sein Berufsbild den Stellenwert, die Anerkennung und die Beachtung erlangt, die ihm zustehen. Dabei helfen sauberes Verkaufen, Ehrlichkeit, Offenheit, Teamspiel mit dem Kunden und der Verzicht darauf, Mitbewerber auf dem Markt schlechtzumachen – denn nur ein Versager verkauft über das Herabmindern anderer Produkte oder Verkäufer. Ein Verkaufs-Champion verkauft über den Wert, die Klasse, die Vorteile seines Angebots und vor allen Dingen über die Vorteile, die für den Kunden durch den Service entstehen, den er selbst vor, beim und nach dem Verkauf bietet.

Das Großartige am Verkauf ist, daß Sie in der Lage sind, sich täglich selbst neu eine Gehaltserhöhung zu erarbeiten und sich selbst zu befördern. Als Verkäufer haben Sie aber auch die einmalige Chance, mit geringem finanziellem Einsatz selbständig zu werden und Ihr eigenes Unternehmen aufzubauen, auch wenn Sie mit Großunternehmen zusammenarbeiten.

Letztendlich ist jeder Verkäufer selbständig und fühlt sein eigenes Einzelunternehmen. Jeder Verkäufer ist sein eigener Chef, sein eigener Manager und auch derjenige, der am Monatsende den Scheck ausstellt. Es gibt so gut wie keine Begrenzungen und Beschränkungen für Verkäufer. Im Verkauf spielt es keine Rolle, welche Hautfarbe, welche Größe, welches Geschlecht Sie haben. Sie haben alle die gleiche Chance, ein Verkaufs-Champion zu sein.

Im Verkauf haben auch Menschen einen Chance, die über keine besondere Schulbildung verfügen. Sie müssen lediglich dazu entschlossen sein, immer hundert Prozent – und manchmal ein wenig mehr – zu geben und mit Leidenschaft und Begeisterung für ihr Produkt und ihren Beruf einzutreten. 37 Prozent aller Manager und Präsidenten großer Unternehmen waren zuvor einfache Verkäufer.

Der Mensch spricht gern mit Menschen

Verkauf findet von Mensch zu Mensch statt und ist niemals etwas Steriles, Unpersönliches. Von dem Zeitpunkt an, an dem es die Direktversicherer gab, die massiv im Fernsehen dafür geworben haben, um wieviel günstiger Kunden ihr Auto dort versichern können, weil es keine Vertreter, Berater, Mittelsleute gibt, dachten viele Mitarbeiter im Außendienst der Versicherungen und Finanzdienstleister, sie würden in diesem Geschäftsbereich Einbußen hinnehmen müssen.

Ich habe schon damals den Führungskräften dieser Branche versichert, daß sie keine Angst vor der Zukunft haben müssen, denn Menschen kaufen von Menschen. Menschen wollen beraten und betreut werden, einen persönlichen Kontakt haben und wissen, mit wem sie ihre

Geschäfte tätigen. Aus diesem Grund wird der Repräsentant oder Berater niemals entbehrlich sein. Selbst Telefonbanking und ähnliches setzt meiner Ansicht nach einen konkreten Ansprechpartner und somit Vertrauen in eine bestimmte Person voraus, um langfristig effektiv und optimal funktionieren zu können.

Weil die Persönlichkeit des Beraters, des Repräsentanten, des Verkäufers von so überragender Bedeutung ist, um gegen das Preisargument der anonymen Direktanbieter bestehen zu können, werden wir uns diesem Aspekt eingehender widmen.

Zuerst müssen Sie sich jedoch mit dem großartigen Berufsstand des Verkäufers voll und ganz identifizieren, so daß Sie es nicht mehr für nötig halten, Scheinnamen und falsche Identitäten für das, was Sie wirklich tun, zu entwickeln und Ihrer Umwelt zu präsentieren, indem Sie sich Repräsentant, Vertreter oder Berater nennen. Das, was Sie sind, was Sie sein wollen und sein sollen, ist ein Verkäufer, und Sie sollen stolz darauf sein, daß Sie diesem großartigen Berufsstand angehören. Sie brauchen sich nicht zu verstecken oder gar diesen Berufsstand zu verleugnen.

Wenn Sie Verkäufer sind, dann sollten Sie stolz darauf sein, zu dieser Gruppe von Menschen zu gehören, der die Zivilisation so viel zu verdanken hat. Selbst die erste Mausefalle hätte nicht verkauft werden können, nachdem sie erfunden wurde, wenn nicht Verkäufer herumgezogen wären und den Einzelhändlern genau erklärt hätten, wie so eine Mausefalle funktioniert und warum sie besonders effektiv ist. Nur so konnte der Einzelhändler seinen Kunden wiederum die Vorteile bewußt machen und erklären, wie dieses neue Instrument funktioniert und welchen Nutzen es bringt. Es hätte niemals eine Weiterentwicklung gegeben, keine Erfindung, die vermarktet worden wäre, wenn es nicht den dazugehörigen Verkäufer gegeben hätte, der diese Ware oder dieses Serviceangebot dem Kunden verständlich gemacht hätte.

Ganz gleich, wo Sie hinsehen, es ist immer ein großartiger Verkäufer gewesen, der dafür verantwortlich war, daß ein Produkt- oder Serviceangebot zu einem Erfolg oder Verkaufsschlager wurde. Das Produkt selbst kann sich nicht verkaufen. Es gibt viele Produkte, Erfindungen, die wirklich hervorragend und großartig sind, die es auf dem Weltmarkt aber niemals geschafft haben, weil die Person, die es entwickelt oder erfunden hat, nicht in der Lage war, es optimal zu vermarkten, sprich zu verkaufen.

Genau genommen, ist jeder Mensch auf der Welt ein Verkäufer: einer verkauft seine Arbeitskraft, der nächste seine Ideen und Gedanken, der andere sein Wissen. Ich beispielsweise verkaufe Hilfe zur Selbsthilfe, Hilfe zur Eigenmotivation, zur Persönlichkeitsentwicklung. Ich verkaufe Erfolgskonditionierung, mit der Sie grenzenlose Erfolge in den Bereichen Familie, Beruf, Privatleben und Gesundheit erzielen können.

Seien Sie stolz darauf, ein professioneller Verkäufer sein zu dürfen, denn Sie gehören zu den Machern, zu denjenigen Menschen, ohne die auf dieser Welt kein Fortschritt und keine Weiterentwicklung möglich wäre.

Der Verkäufer, der an den Einzelhändler oder den Endkunden verkauft, kann erklären, was ein neues Produkt oder Serviceangebot leisten und erreichen kann. Deshalb gibt es Sie, den Spezialisten, den Verkäufer. Sie sind für den Kunden Berater, Vertrauter, Ansprechpartner, Ausbilder, Lehrer, Schulungsleiter, Anwendungshelfer, Problemlöser und – das ist meiner Ansicht nach das Wichtigste – Sie sollten für Ihren Kunden auch ein Freund sein.

In der heutigen Zeit, in der es scheinbar mehr Mitbewerber auf dem Markt als Kunden gibt, ist es besonders wichtig, sich darüber bewußt zu sein, daß Abzocken nicht mehr möglich ist. Abschlüsse, die den Kunden benachteiligen, bei denen er zur Unterschrift überredet wurde und wo der „Verkäufer" dann mit der Provision davonlief, sind heute das Gefährlichste, das Sie sich vorstellen können.

Denn wir haben es mit geschulten, gebildeten und erfahrenen Kunden zu tun, mit Kunden, die genau wissen, was sie wollen, und die auch die finanziellen Möglichkeiten haben, ihre Wünsche zu realisieren. Rein theoretisch kann der Kunde bei jedem anderen Verkäufer genauso kaufen wie bei Ihnen, und letztendlich nehmen sich die Produktangebote und Servicepaletten nicht viel, auch wenn Ihnen Ihr Chef und Ihre Trainingsleiter etwas anderes darüber sagen.

Das, was den wahren Unterschied macht, sind die Begriffe Vertrauen, Freundschaft, Loyalität, Zuverlässigkeit, also das Teamspiel mit dem Kunden, ausgerichtet auf langfristige Partnerschaft und so hervorragend gepflegt, daß Sie auch an die Kinder und Enkelkinder des Kunden verkaufen werden.

Effektiver, langfristiger und konstanter Verkauf ist nur über Mundpropaganda, also über Referenzen möglich, und das bedeutet, daß Sie von Ihren Kunden abhängig sind. Wenn Sie sich Ihrem Kunden gegenüber nicht so verhalten, daß er gern dazu bereit ist, Ihnen Namen und Adressen von Freunden, Bekannten und Kollegen für Ihre nächste Verkaufspräsentation zu überlassen oder sogar noch telefonische oder schriftliche Referenzen an einen Bekannten für Sie erteilt, werden Sie nicht lange im Geschäft bleiben. Wir alle leben nur von Zuverlässigkeit, erstklassiger Serviceleistung und von dem Vertrauen unserer Kunden.

Sie können jedoch beim Kunden kein Vertrauen dadurch erzeugen, wenn Sie verschleiern oder vertuschen, was Sie eigentlich tun, nämlich verkaufen. Nennen Sie die Dinge beim Namen, bei ihrem richtigen Namen. Ganz gleich, wie gebildet und geschult Ihre Kunden auch sind, sprechen Sie immer in einer leicht verständlichen, nachvollziehbaren, bildhaften Art und Weise. Dann muß der Kunde nicht rätseln, was Sie jetzt eigentlich gesagt haben, braucht nicht im Lexikon nachzuschlagen und kann sofort verstehen, welche Informationen Sie ihm geben möchten. Fremdwörter und Fachchinesisch sind immer suspekt. Jemanden verstehen bedeutet ja nicht nur, ihn richtig zu hören, nicht nur den Inhalt zu erkennen, sondern auch „sich zu verstehen“. Sprechen Sie immer mit dem Vokabular, das Ihrem Kunden vertraut ist. Das macht es ihm leichter, Ihnen auch zu vertrauen.

Verlierer reden nur für sich selbst und nicht für den Kunden. Sie wollen ihre Umwelt häufig dadurch beeindrucken, daß sie sehr viele Fremdwörter und komplexe, schwer verständliche Satzkonstruktionen benutzen können. Der Sieger hingegen, also der Verkaufs-Champion, spricht leicht verständlich und natürlich.

Eine Ausnahme müssen Sie machen, wenn Sie mit einer Berufsgruppe zu tun haben, die ihre eigene Fachterminologie hat. Dann sollten Sie sich dieser Fachwörter bedienen. Dies strahlt Vertrauen aus, denn dann kann der Kunde auch davon ausgehen, daß Sie mit seinen Problemen vertraut sind und ihm fachgerechte Lösungen anbieten können. Außerdem werden Sie dann leichter eine Beziehung herstellen, also mit ihm auf einer Wellenlänge kommunizieren können.

Kapitel 3
Chancen und Gefahren
im Verkäuferberuf

Lassen Sie sich nicht beeinflussen

Die größte Gefahr für den Erfolg eines Verkäufers liegt nicht in den Enttäuschungen durch Kunden oder in Mißerfolgserlebnissen während einer Präsentation oder eines Verkaufsgesprächs, sondern in der negativen Beeinflussung aus dem direkten persönlichen Umfeld. Wir alle haben in unserem Leben soviel Negatives über Verkäufer oder deren Berufsstand gehört, und so auch unsere Mitmenschen. Wenn Sie also die Entscheidung treffen, in die Welt des Verkaufs einzutreten, ist es sehr wahrscheinlich, daß Freunde, Bekannte oder Verwandte Ihnen mit Vorurteilen oder Skepsis begegnen: „Was, du willst jetzt Klinkenputzer werden, ein Versicherungsheini, ein Marktschreier?" Sie könnten aber auch hören: „Dazu bist du nicht geboren, das schaffst du sowieso nicht." Oder „Fang das erst gar nicht an, such dir einen sicheren Job." Solche Aussagen haben einen massiven Einfluß auf unsere Gefühle und selbstverständlich auch auf unser Verhalten. Oft sind derartige Negativeinflüsse aus dem direkten Umfeld einer Person dafür verantwortlich, daß sie entweder niemals damit beginnt, nach den Sternen zu greifen und ihr wahres Potential zu entwickeln, oder daß die Person die Aussagen der anderen als Ausrede dafür benutzt, bei der ersten Schwierigkeit aufgeben zu dürfen.

Erfolg ist ein äußerst individuelles Erlebnis, und jede Person kann nur für sich selbst wissen und herausfinden, wozu sie fähig und in der Lage ist. Kein anderer Mensch ist kompetent, Ihnen zu sagen, Sie könnten etwas nicht, weil diese Menschen nur ganz bestimmte Phasen oder ganz bestimmte Seiten Ihrer Person kennen und nicht das gesamte Bild. Keiner außer Ihnen weiß, was wirklich in Ihnen vorgeht, wovon Sie träumen, was Sie sich wünschen, welche Ziele Sie sich setzen und was Sie bereit sind, an Leistung zu erbringen. Also ist jede Meinung eines anderen Menschen, der Ihnen sagt, Sie könnten etwas nicht, von vornherein unqualifiziert und somit grundsätzlich falsch. Die Basis für Erfolg ist, an sich selbst zu glauben und sich vor allen Dingen von der Meinung, dem Einfluß, dem Lob oder der Kritik anderer Menschen unabhängig zu machen. Ganz gleich, was die breite Masse sagt, glaubt oder für möglich hält, ganz gleich, was andere Menschen für eine Meinung über Sie, Ihre Fähigkeiten und Möglichkeiten haben, es spielt keine Rolle, wenn Sie diesen Einfluß nicht negativ auf sich wirken lassen.

Vielleicht können Sie destruktive Aussagen sogar zur positiven Handlungsmotivation nutzen, wie es Frank Sinatra tat: „Die beste Form der Revanche ist grenzenloser Erfolg."

Rom wurde nicht an einem Tag erbaut

Es kann sein, daß Sie alles richtig machen, ständig lernen, sich weiterentwickeln, flexibel handeln und durchhalten, immer einmal mehr aufstehen, als das Leben Sie niederwirft, und Sie dennoch augenblicklich den im wahrsten Sinne des Wortes verdienten Erfolg noch nicht greifbar vor Augen haben. Daß Sie noch nicht auf der Karrierestufe stehen, auf der Sie sein möchten, nicht die finanzielle Freiheit haben, die Sie anstreben, nicht die Anerkennung und nicht den Erfolg, von dem Sie träumen.

Dies liegt daran, daß Erfolg, wie jedes andere Element in der Welt, erst einmal als Saatgut gesetzt werden muß, danach gedüngt, gewässert und gejätet werden muß, damit man sicherstellt, daß man die verdiente Ernte einfahren kann. Sicher erwarten Sie auch nicht, daß Sie Saatgut in die Erde legen, am nächsten Tag wiederkommen und mit einen Mähdrescher die Ernte einfahren können. Am deutlichsten macht Ihnen das die Geschichte vom chinesischen Bambusbaum:

> *Die Chinesen pflanzen den Bambusbaum, jäten, wässern und düngen ihn ein Jahr lang, ohne daß auch nur das geringste an Bewegung zu erkennen ist. Sie tun das ein zweites und ein drittes Jahr, aber es ist nicht zu erkennen, daß sich unter der Erde irgendetwas tut. Sogar nach dem vierten Jahr passiert scheinbar überhaupt nichts, und selbst nach dem fünften Jahr ist kein Fortschritt zu erkennen. Doch irgendwann nach dem fünften Jahr wächst der Bambusbaum plötzlich innerhalb von sechs Wochen 30 Meter.*

Erfolg wächst in der Regel nicht gleichmäßig Stück für Stück, und wir wissen von Napoleon Hill, daß die reichsten Selfmade-Millionäre der Welt kurz vor ihrem wirtschaftlichen Durchbruch ihr größtes Tief hatten. Doch sie hatten den Mut, weiterzumachen, nicht aufzugeben, an sich selbst zu glauben, an ihren Traum, an ein Ziel und an die Realisierung einer Idee. Und plötzlich und scheinbar über Nacht kam der explosionsartige, großartige Erfolg.

Ich möchte Ihnen folgendes damit sagen: Sie dürfen nicht erwarten, daß Sie durch Ihre Bemühungen den gewünschten oder angestrebten Erfolg sofort erlangen können, manchmal brauchen Sie etwas Geduld und Ausdauer. Vor allen Dingen müssen Sie konstant weiterarbeiten, auch wenn Sie momentan noch keine Ergebnisse erkennen können.

Von Aussteigern, Versagern und Energiefressern

Immer wieder habe ich erlebt, daß Menschen, die kurzfristig im Verkauf tätig waren, plötzlich aufgegeben haben, weil sie nicht bereit waren, ständig hundertprozentigen Einsatz zu bringen. Diese Menschen sagen dann nur allzugern: „Ich habe versucht, dieses Produkt zu verkaufen. Es funktioniert nicht, die Firma ist schlecht und das Produkt katastrophal."

Wenn ein Produkt- oder Serviceangebot katastrophal und die Firma schlecht wäre, würde sie schon nach kurzer Zeit nicht mehr existieren. Existiert eine Firma jedoch länger als zwei Jahre oder ist ein Produkt- oder Serviceangebot länger als zwei Jahre auf dem Markt, ist es zwangsläufig gut, sonst würde es nicht mehr bestehen können. Der Markt reinigt sich selbst – auch von Versagern, die gern mal Verkäufer spielen möchten.

Lassen Sie sich durch Aussagen solcher Aussteiger nicht negativ beeinflussen, denn diese Menschen waren erfolglos im Verkauf, weil sie selbst die Entscheidung getroffen haben, sich nicht hundertprozentig diesem herrlichen Beruf zu verpflichten und nicht alles zu geben und zu tun, was notwendig ist, um den gewünschten Erfolg zu erlangen.

Wann immer Ihnen jemand sagt: „Du schaffst das sowieso nicht", sagen Sie sich: „Jetzt erst recht!" Und wenn Ihnen jemand sagt, jeder andere könnte das, aber Sie nicht, sagen Sie: „Gerade ich." Und wenn jemand sagt: „Gib doch auf," sagen Sie: „Niemals."

Diese Form der Eigenkommunikation wird schon nach kürzester Zeit zu einem gewohnten Verhaltensmuster, und Sie werden reflexartig in der vorprogrammierten und gewünschten Art und Weise reagieren. Sie haben sozusagen einen Autopiloten installiert, der Sie auch in Streßsituationen, in denen Sie geplagt sind von Zweifeln, Unsicherheit oder Angst, scheinbar ganz von selbst richtig reagieren läßt.

Menschen, die Sie negativ beeinflussen, die versuchen, Ihnen Ihren Mut zu nehmen, zehren von Ihrer Energie, und deshalb nenne ich sie auch Energiefresser. Wundern Sie sich nicht, daß Energiefresser selbst meist zu den Verlierern zählen. Energiefresser sind Menschen, die uns immer nur den Spaß verderben, die gute Laune nehmen, den Mut und die Hoffnung zum Handeln. Sie müssen wissen, ein Verlierer versucht niemals, erfolgreichen Menschen nachzueifern, weil sein Spiegelbild ihm sagt, er könnte so erfolgreich sowieso nicht sein. Und damit es nicht auffällt, daß nur er ein Versager ist, und daß er es niemals schaffen könnte, auch erfolgreich zu sein, versucht er es erst gar nicht. Und um die Distanz zwischen sich und erfolgreichen Menschen zu verringern, versucht er nicht, diesen nachzueifern, sondern er versucht, den anderen Menschen auf sein niedrigeres Niveau herabzusetzen.

Versager, Aussteiger und Energiefresser dürften auf dieser Seite des Buches schon nicht mehr weiterlesen, denn sie haben begriffen, daß in meinem Buch keine magischen Geheimnisse verkündet werden, durch die sie ohne Arbeit und Aufwand und eigenes Zutun großen Reichtum, Ansehen und eine hervorragende Karriere erreichen können. Ein Verlierer will nicht handeln, will nicht entscheiden, will keinen Aufwand erbringen. Wie Sie alle wissen, sind diejenigen Menschen, die Fortbildung am meisten benötigen, niemals bei einem Seminar oder Aus- und Weiterbildungsprogramm dabei, und sie halten es auch nicht für nötig, Bücher zu lesen, weil sie glauben, sie wüßten schon alles.

Nehmen Sie deshalb niemals einen Rat von jemandem an, dem es schlechter geht als Ihnen. Sie lernen von keinem dicken Menschen, wie man schlank wird und schlank bleibt, Sie lernen von keinem Raucher, wie man aufhört zu rauchen und Nichtraucher bleibt, und Sie lernen von keinem Versager, wie man erfolgreich wird. Sie sehen lediglich an den Leistungen, die ein Mensch erbracht hat, ob er überhaupt kompetent ist, Ihnen einen Rat geben zu können.

Es ist gut, daß wir an dieser Stelle jetzt unter uns sind, denn die Versager, die sich hier bei vielen Aussagen wiedererkannt haben, haben das Buch bereits in die Ecke geworfen, und wir können nun mit der eigentlichen Arbeit beginnen.

Der Energiefresser-Check

Möglicherweise haben Sie, ohne es bisher bemerkt zu haben, auch einen oder mehrere Energiefresser in Ihrer näheren Umgebung. Manchmal sind es Menschen, die Ihnen sehr nahestehen und es eigentlich auch gut mit Ihnen meinen. Um offensichtliche oder auch verdeckte Energiefresser zu „enttarnen", möchte ich Sie bitten, zu Papier und Bleistift zu greifen.

Listen Sie nun bitte alle Menschen auf, mit denen Sie regelmäßig zu tun haben. Schreiben Sie danach zu jedem einzelnen Menschen auf, ob dieser Mensch gut oder schlecht für Sie ist, ob er Sie abbaut oder aufbaut, ob er Sie mißmutig stimmt oder demotiviert und vom Handeln abhält oder ob er Ihnen auf die Schulter klopft und immer wieder Mut zuspricht, weiter zu handeln und durchzuhalten und Ihnen sagt, daß Sie das auch sicher schaffen werden.

Name	Gut für mich	Schlecht für mich	Begründung

Danach legen Sie fest, mit welchen von diesen Menschen Sie in Zukunft nichts mehr zu tun haben wollen, wenn es nicht unbedingt notwendig ist, und mit welchen Menschen, die ich die „Siegermacher" nenne, weil sie ständig bemüht sind, anderen Menschen Hoffnung, Motivation, den Glauben an sich selbst zu geben, Sie in Zukunft immer öfter zusammensein wollen.

Name	Energiefresser	Siegermacher

Wenn unter den Energiefressern Menschen sind, die zu Ihrer Familie gehören, und Sie nicht gern auf diese Menschen verzichten möchten, dann sagen Sie diesen Menschen klipp und klar: „Ich mag dich, aber deine negative Art und Weise, mit mir zu kommunizieren, hält mich ständig davon ab, glücklich zu sein, Lebensqualität zu haben und Erfolge zu erzielen. Mir bleiben deshalb nur zwei Möglichkeiten, wenn ich mein Leben wirklich entsprechend meinem Potential leben und erleben möchte: Ich kann mich entweder ganz und gar von dir trennen oder mich mit dir darauf einigen, daß wir über bestimmte Themen nicht mehr sprechen. Du darfst nicht mehr negativ über mich oder meine Leistungen und Möglichkeiten sprechen. Besser wäre es, wenn du dein Verhalten ändern und mich anspornen und aufmuntern würdest."

Bedenken Sie bitte: Ein fauler Apfel kann eine ganze Kiste verderben, und wenn Sie die negativen Menschen nicht schnell genug aus Ihrem Umfeld entfernen, ist es nur eine Frage der Zeit, bis deren Verhalten und deren Äußerungen einen negativen Einfluß auf Ihr Verhalten und Ihre Entscheidungen nehmen.

Ich bin allerdings der festen Überzeugung, daß jeder Mensch für Erfolg geboren ist und daß Menschen sich nur selbst zum Verlierer machen oder machen lassen können. Es ist also kein angeborenes oder durch das Leben vorbestimmtes Schicksal, wenn jemand ein Energiefresser oder Versager ist, sondern lediglich das Ergebnis der Entscheidungen, die diese Menschen für sich selbst in ihrem Leben getroffen haben.

Erfolg und finanzielle Freiheit

Finanzielle Freiheit zu haben ist die einzige Grundlage für echte Freiheit im Leben. Haben Sie nicht ausreichend finanzielle Mittel zur Verfügung, dann sind Sie ständig von anderen Menschen, oft von der Meinung anderer, von der Gunst anderer, von Banken, Freunden, Bekannten, Verwandten oder wem auch immer abhängig. Sie befinden sich in einer Dauerabhängigkeit und müssen immer wieder neue Kompromisse eingehen.

Geld ist eine wichtige Voraussetzung, um Ihren Kindern den Start in eine sichere Zukunft zu gewährleisten – falls notwendig den besten Arzt, die beste Schulausbildung und alles andere, was dazugehört, damit Ihr Kind glücklich und zufrieden ist. Und selbstverständlich können Sie auch sich und Ihrer Lebenspartnerin durch ausreichende finanzielle Freiheit all das ermöglichen.

Eine gute Lebensqualität hilft Ihnen dabei, kreativ zu sein, glücklich und gesund, energiegeladen und voller Ideen, mit denen Sie Ihr Leben positiv gestalten. Wenn Sie ständig unter Geldsorgen zu leiden haben, dann drückt das aufs Gemüt und verhindert, daß Sie Ihre Kreativität voll entfalten können.

Fangen Sie also an, Geld zu verdienen, den verdienten finanziellen Erfolg und die dazugehörige Freiheit zu genießen, ja sogar zu lieben, denn Sie sind nicht auf dieser Welt, um in Armut, Mangel, Mittelmaß, Hoffnungslosigkeit oder anderen, die Lebensqualität einschränkenden Umständen dahinzuvegetieren.

Sinn und Zweck des Lebens ist der persönliche Reifungsprozeß und Ihre Weiterentwicklung. Und die können Sie durch Erfolg leichter erreichen als durch Mißerfolg. Sich im Selbstmitleid baden bringt Sie nicht weiter und läßt Sie auch nicht reifen. Das ewige Jammern macht Sie nur einsam, weil kein Mensch mehr mit Ihnen etwas zu tun haben möchte. Menschen umgeben sich gern mit Menschen, die gute Laune verbreiten, die ihnen Spaß und Freude machen (und genauso will es Ihr Kunde) und nicht mit Menschen, die ihnen die Lust am Leben, Freude und Spaß nehmen.

Je lebensfroher und unabhängiger Sie sind, je weniger Existenzängste und Sorgen Sie haben, desto leichter und ungezwungener können Sie handeln und positiven Einfluß auf Ihre Umwelt ausüben. Sie können niemanden aus dem Sumpf ziehen, wenn Sie hinterher springen, sondern nur dann, wenn Sie selbst festen Boden unter den Füßen haben.

Versuchen Sie deshalb, Ihr eigenes Leben voll und ganz in den Griff zu bekommen, und sorgen Sie durch Ihre Vorbildfunktion dafür, daß andere, die Erfolg für möglich halten, Ihnen nacheifern. Helfen Sie niemals jemandem, der Sie nicht um Hilfe bittet oder der keine Hilfe annehmen will. Helfen Sie aber jedem Menschen, der Hilfe annehmen will oder Sie um Hilfe bittet. Diese Menschen sind es wert, daß man sich für sie einsetzt. Letztendlich baut Lebenserfolg auf der Fähigkeit auf, ein echter Teamspieler zu sein, ein Teamspieler im privaten und beruflichen Bereich.

Erfolg ist gut. Sie sind nicht auf der Welt, um zu leiden, Sie sind dazu da, um Ihr Leben zu genießen – jeden einzelnen Tag. Hören Sie auf, die Vergangenheit zu betrachten und dadurch vergangene Fehler einen negativen Einfluß auf Ihre Gegenwart und auf Ihre Zukunft nehmen zu lassen.

Die Vergangenheit ist vorüber – ein für allemal vorbei. Lassen Sie sie los, behalten Sie, was Sie daraus gelernt haben, und kümmern Sie sich nie wieder um Versagen, Fehlverhalten oder Mißerfolge in der Vergangenheit.

Jeder Tag ist ein vollkommen neuer Tag, jeder Morgen eine vollkommen neue Chance, neu zu starten. Und ganz gleich, wie oft Sie etwas versucht und damit versagt haben, Sie können es gleich wieder neu probieren und den ganzen Tag über weiter versuchen, bis Sie Ihr Ziel endlich erreicht haben. Wenn Sie nicht aufgeben, werden Sie letztendlich Ihr Ziel erreichen.

Echte Verkäufer lieben ihren Beruf

Die meisten Menschen bekommen ihren ersten oder tödlichen Herzinfarkt an einem Montagmorgen zwischen acht und neun Uhr, wenn sie dabei sind, sich fertig zu machen, um einen Beruf auszuüben, den sie hassen oder der sie im wahrsten Sinne des Wortes umbringt.

Nur allzuviele Verkäufer nehmen den Telefonhörer hoch, wählen und hoffen, daß der Kunde sich nicht meldet. Oder sie klingeln an einer Haustür und hoffen, daß der Kunde nicht da ist.

Dies sind Menschen, die zwar aktiv sind, aber nur, um sich selbst zu beruhigen. Sie arbeiten halbherzig, ohne innere Überzeugung, ohne Begeisterung und Leidenschaft für ihren Beruf. Sie tun zwar etwas, aber sie handeln nicht wirklich. Sie stehen auch nicht zu dem, was sie tun, und können sich so auch nicht mit ihrem Beruf identifizieren.

Es gibt auch Verkäufer, die scheinbar den ganzen Tag über in Hektik und Streß leben und dennoch nie wirklich etwas erreichen. Das liegt daran, daß diese Personen sich hauptsächlich mit nebensächlichen Tätigkeiten beschäftigen, sich damit sogar überlasten und somit für sich selbst und andere die Ausrede haben, daß sie an diesem Tag nicht mehr schaffen konnten, denn sie waren ja die ganze Zeit beschäftigt.

Diese Menschen verwechseln Aktivität mit sinnvollem Handeln. Ein Experiment mit Passionsraupen verdeutlicht: In einer Untersuchung ließ man eine Gruppe von Raupen in einer Kreisformation um einen Blumentopf laufen, der mit deren Lieblingsnahrung, nämlich Tannennadeln, gefüllt war. Die Raupen, die die Neigung haben, einander zu folgen, begannen sofort zu laufen und folgten jeweils der vorangehenden Raupe, so daß sie ständig im Kreis liefen – insgesamt sieben Tage und sieben Nächte lang, bis alle Raupen an Erschöpfung und Hunger gestorben waren.

Und genauso ergeht es vielen Menschen, die sich den ganzen Tag über mit irgend etwas Nebensächlichem, Unwichtigem befassen, anstatt klare Erfolgsstrategien, Zukunftspläne zu entwickeln und entsprechend zielgerichtet zu handeln.

Um im Leben etwas erreichen zu können, müssen Sie festlegen, was Sie in Ihrem Beruf und in Ihrem Privatleben erreichen wollen.

▶ Welches Monatseinkommen wollen Sie in zwei Jahren haben?

▶ Welches Jahreseinkommen streben Sie danach an?

▶ Wohin soll Ihre Karriere Sie führen?

▶ Was ist für Sie der Sinn und Zweck Ihres Lebens, all Ihres Strebens und Handelns?

> „Lernen Sie zu lieben, was Sie tun, und tun Sie, was Sie lieben, und Sie werden erfolgreich." So einfach ist die Formel für beruflichen Erfolg.

Nun möchte ich Sie bitten, einen Bleistift zur Hand zu nehmen und die folgenden Fragen zu beantworten. Dies wird Ihnen helfen, Ihre Zukunft noch ein wenig klarer zu sehen.

1. Was finden Sie am Beruf des Verkäufers besonders gut, schön, angenehm?

_____

_____

_____

_____

_____

2. Was können Sie in Ihrem Leben realisieren, wenn Sie in Ihrem Beruf als Verkäufer erfolgreich sind?

_____

_____

_____

_____

3. Worauf müßten Sie verzichten, wenn Sie Ihren Beruf als Verkäufer sofort aufgeben müßten?

_____

_____

_____

_____

4. Aus welchen Gründen haben Sie den Beruf des Verkäufers ergriffen?

_____

_____

_____

_____

_____

Und nun versuchen Sie bitte, den folgenden Satzanfang so oft wie möglich zu ergänzen. Falls der Platz hier nicht ausreicht, dann nehmen Sie ein Blatt Papier.

Ich liebe meinen Beruf als Verkaufs-Champion, weil ....

_____

_____

_____

_____

Ziele festlegen

Soeben haben Sie Entscheidungen getroffen, die festlegen, wo Sie zum Zeitpunkt des Eintritts in den Ruhestand stehen wollen, was Sie bis dahin erreicht haben wollen und wie Sie von Ihren Kindern oder Enkelkindern angesehen sein wollen. Sie haben auch entschieden, wie Ihre Freunde, Bekannten, Ihre Mitarbeiter, Kollegen und Vorgesetzten Sie sehen werden. Sie haben Ihrem Leben damit eine grundsätzliche Richtung gegeben.

Um diese Richtung in Ihrem Unterbewußtsein zu festigen, möchte ich Sie nun bitten, eine kleine Rede aufzuschreiben. Nein, keine Angst, diese Rede brauchen Sie selbst nie zu halten. Es ist die Rede, die Laudatio, die Sie gern auf dem Empfang zu Ihrem 70. Geburtstag von Ihrem besten Freund hören möchten. Er wird in dieser Rede Ihre Person und Ihr Lebenswerk würdigen. Er wird sich im Namen aller anwesenden Freunde, Bekannten, Kollegen und Geschäftsfreunde bei Ihnen für das bedanken, was Sie für diese getan und geleistet haben.

Die Laudatio zu Ihrem 70. Geburtstag

_____

_____

_____

_____

_____

_____

_____

_____

_____

_____

_____

_____

_____

_____

Selbstverständlich können Sie diese Rede im Laufe der Jahre abändern, wenn Ihr Leben aufgrund von Weiterentwicklung oder neuen Erkenntnissen eine andere Richtung nimmt. Weil Sie aber im Grunde genau wissen, wohin Sie wollen, werden Sie sich nie mehr im Kreis bewegen, werden Sie immer ein großes Ziel vor Augen haben und keine Energie mehr bei Tätigkeiten vergeuden, die Sie Ihrem Ziel nicht näherbringen.

Es wird Ihnen nunmehr auch viel leichter fallen, Entscheidungen zu fällen, denn Sie haben ein glasklares Prüfkriterium: Bringt mich das, wofür ich mich jetzt entscheide, meinem Ziel näher, oder führt es mich von meinem Ziel weg? – Führt mich die Entscheidung auf geradem Weg an mein Ziel, oder verzögert diese Entscheidung meine Ankunft am Ziel?

Der Weg bis zum Ziel mag in den meisten Fällen noch weit entfernt sein, und aus der Ferne, auch aus zeitlicher Ferne, ist das Ziel zuweilen nur sehr schwach zu erkennen. Deshalb macht es Sinn, die weite Strecke in Etappen einzuteilen und die Ankunft an den einzelnen Etappenzielen auch zeitlich festzulegen.

Aber wie gehen Sie bei der Definition Ihrer Ziele am besten vor, was müssen Sie beachten? Jedes Ziel muß klar und deutlich definiert sein, und es muß aufgeschrieben werden. Legen Sie ein Datum für das Erreichen des Zieles fest, entwickeln Sie einen schriftlich fixierten Plan, der aufzeigt, durch welche Aktionen Sie Ihr Ziel erreichen wollen. Sehr wichtig ist es, die Motive aufzulisten, weshalb Sie diese Ziele erreichen werden. Andernfalls sind diese Ziele nichts weiter als reines Wunschdenken

Ihre Zielsetzungen sollten immer etwas höher liegen, als das, was Sie glauben, momentan leisten zu können. Sie dürfen aber keinesfalls unrealistisch sein. Aus den Erfahrungen in der Erfolgspsychologie können wir sagen:

> Solange Sie sich die gewünschen Ziele ernsthaft vorstellen, sie sehen, fühlen und erleben können, können Sie diese auch erreichen. Was Sie sich nicht wirklich vorstellen können, wird von Ihrem Unterbewußtsein als absurd abgetan, und die notwendigen Anstrengungen, die zum Erreichen des Zieles notwendig wären, werden vom Gehirn nicht produziert.

Kurzzeitziele sollten keinesfalls länger entfernt sein als 30 Tage, sonst verlieren Sie das Interesse und die Motivation. Spätestens jeden dritten Monat sollten Sie sich für das Erreichen Ihrer Ziele belohnen. Setzen Sie von vornherein Belohnungseinheiten fest, die Sie sich leisten und erlauben können. Urlaub, besondere Kleidung, schönes Essen mit Ihrer Familie oder ähnliches sind sicherlich reizvolle Belohnungen, die Sie zusätzlich zum Handeln und Durchhalten animieren.

Selbstverständlich müssen Sie Langzeitziele haben, die Ihrem Leben die Richtung geben, die also mindestens 20 Jahre oder noch weiter in die Zukunft hineinreichen. Allerdings gibt es dabei möglicherweise Schwierigkeiten, wenn Sie starr an diesen Langzeitzielen festhalten, obwohl sich auf dem langen Weg dorthin Umstände ändern, Motive wegfallen oder das früher angestrebte Ziel nicht mehr erreichbar geworden ist. In diesem Fall ersetzen Sie das alte Ziel durch ein neues Ziel, das den Umständen und Ihrem Entwicklungsstand besser entspricht – aber verzichten Sie nie darauf, Ziele zu setzen.

In dem Augenblick, in dem Sie sich für ein bestimmtes Ziel entscheiden, sollten Sie sich selbst sofort ein Versprechen geben: nicht bereit zu sein, auf dem Weg zum Ziel aufzugeben. Stellen Sie sich vor, daß Sie dieses Ziel bereits erreicht haben und es nur noch nicht Realität geworden ist.

Manchmal fragen mich ältere Personen in einem Zielsetzungsworkshop: „Ich bin schon 68 Jahre alt, mein einziges Ziel ist, in 20 Jahren überhaupt noch am Leben zu sein." Meine Antwort ist dann grundsätzlich: „Dann setzen Sie als Ziel, daß Sie in 20 Jahren noch am Leben sind." Dies ist ein typisches Beispiel dafür, daß sich im Verlauf der Zeit die Ziele ändern können. Wenn Sie Ihre wirtschaftlichen Ziele erreicht haben und keine Motivation verspüren, auf diesem Gebiet neue Ziele zu setzen, dann können andere Ziele an deren Stelle treten. Das können, insbesondere in reiferem Alter, eher ideelle Ziele sein. Doch auch bei diesen gilt die Grundregel: planen, kurzfristige Ziele setzen, Belohnungen festlegen, und dann – handeln.

Bedenken Sie, daß Sie sich nicht nur Gesundheit, Vitalität und das Erreichen eines hohen Lebensalters zum Ziel setzen sollten, sondern vor allen Dingen eine glückliche Familie und finanzielle Freiheit mit hoher Lebensqualität. Viele Menschen haben keine finanzielle Freiheit, wenn sie das Rentenalter erreicht haben und können ihre „goldenen Jahre" nicht als solche genießen. Um Sie davor zu bewahren, widme ich mich in dem nun folgenden Kapitel dem wichtigsten Ziel für Verkaufs-Champions: der finanziellen Freiheit.

Die Finanzplanung des Verkaufs-Champions

Legen Sie die Ziele, die Ihren Ruhestand betreffen, schon möglichst frühzeitig fest. Je früher Sie damit beginnen, desto höher können Sie die finanziellen Ziele stecken, und um so weniger werden Sie die Investitionen in Ihren finanziell gesicherten Ruhestand in der Gegenwart verspüren. Dies ist deshalb wichtig, weil ich weiß, daß sehr viele Verkaufs-Champions sehr viel Geld verdienen, viel mehr als die meisten anderen Menschen, aber auch keine Hemmungen haben, viel mehr Geld auszugeben als alle anderen. Ein besonders wichtiger Punkt, der mir beim Verkaufstraining mit renommierten Unternehmen der Industrie auffiel, ist, daß manche Menschen auf ihren finanziellen Erfolg nicht ausreichend vorbereitet sind. Sie werden in eine neue Welt katapultiert, in der sie sich nicht auskennen, und aus einer daraus resultierenden Unsicherheit machen sie katastrophale Fehler. Ausschweifungen und Auswüchse in selbstzerstörerischer Form finden statt. Besonders dann, wenn Menschen sehr plötzlich mehr Erfolg haben und über mehr Geld verfügen, als sie jemals zuvor zu träumen gewagt hatten, können sie leicht orientierungslos, und damit ziellos werden. Sie verlieren den Halt, weil sie sich oft von ihrer vertrauten Umgebung verabschiedet und in der neuen Umgebung noch nicht Fuß gefaßt haben. Verkäufer im Strukturvertrieb werden, weil sie aufgrund ihrer verkäuferischen Talente schnell bestimmte Umsätze erzielen, ganz plötzlich zu Führungskräften und wurden niemals darauf vorbereitet, was es bedeutet, eine Führungskraft zu sein. Sie wissen nicht, wie man Menschen führt, wie man einen Betrieb oder einen Betriebsteil organisiert und leitet. Manche Menschen greifen in einer solchen Situation zu Drogen. Ganz gleich, ob Alkohol, Beruhigungs- oder Aufputschmittel, Hanf oder harte Drogen, der Mißbrauch zerstört das Selbstwertgefühl und das Selbstvertrauen dieses Menschen und damit auch die Voraussetzungen für stetig wachsenden Erfolg. Wie Sie zu Reichtum kommen können, ist eigentlich kein Geheimnis, es ist so einfach, daß man es oft übersieht. In vielen Ratgebern wird es wie folgt beschrieben:

> **Geben Sie nie mehr Geld aus, als Sie einnehmen, sondern immer etwas weniger. Die Differenz stellt den wachsenden finanziellen Reichtum dar.**

Dies ist die pessimistische Variante der Grundregel, weil sie verlangt, die Ausgaben einzuschränken und damit unter Umständen auf viel

Lebensqualität zu verzichten. Dem liegt zugrunde, daß die Einnahmen konstant bleiben und man sich den finanziellen Reichtum vom Mund absparen muß. Das ist ganz sicher nicht die Version, die Ihnen gefallen könnte. Nun zur guten Nachricht: Ihre Einnahmen müssen nicht konstant bleiben, denn gerade im Verkauf haben Sie die besten Möglichkeiten, daran etwas zu tun. Dann sieht die Grundregel nämlich anders aus:

> **Sorgen Sie dafür, daß Ihre Einnahmen immer höher liegen als Ihre Ausgaben. Die Differenz stellt den wachsenden finanziellen Reichtum dar.**

Allerdings müssen Sie erst in die Situation kommen, Ihr Einkommen steuern zu können. Bis dieser Zeitpunkt erreicht ist, müssen Sie sich selbst disziplinieren, so lange mit einem bestimmten Budget zu leben, bis Sie das gewünschte und notwendige, regelmäßige Einkommen erreicht haben.

Sie wissen, daß viele Menschen, denen es finanziell sehr schlecht geht, ihre Ausgaben drastisch reduzieren und nur darauf bedacht sind, solange wie möglich mit dem vorhandenen Einkommen auszukommen. Diese katastrophale Vorgehensweise besiegelt häufig den wirtschaftlichen Ruin eines Menschen oder eines Unternehmens. Gerade in schlechten Zeiten ist es besonders wichtig, sich darauf zu konzentrieren, nicht nur Kosten einzusparen, sondern vor allem darauf, erheblich mehr Umsatz und Gewinn zu machen.

In jeder Finanzstrategie, die Sie aufstellen, muß der Grundsatz „Bezahlen Sie sich immer selbst zuerst!" berücksichtigt werden. Das heißt, auch bei kleinem Budget müssen Sie einen Spar- oder Investitionsplan erstellen, an dem Sie unter allen Umständen festhalten. Denn selbstverständlich muß die finanzielle Vorsorge für das Alter so früh wie möglich in Ihre Finanzplanung einbezogen werden, so daß Sie Ihre goldenen Jahre in finanzieller Freiheit und Sicherheit genießen können. Das wollen Sie ja auch für Ihre Kunden erreichen, wenn Sie beispielsweise in der Versicherungsbranche tätig sind.

Viele Menschen setzen sich zum Ziel, Millionär zu werden, ohne zuvor ein Tausender, ein Zehntausender oder Hunderttausender zu werden. Sie haben aber niemals eine Finanzstrategie, einen finanziellen Plan für ihre Zukunft entwickelt, und deshalb bleibt der Traum vom Millionär für viele Menschen immer ein Wunschtraum.

Die meisten erhalten eine vollkommen falsche Erziehung, in der Bescheidenheit, Anspruchslosigkeit und Demut zu den ersten Erziehungszielen gehören. Nichts gegen eine gewisse Bescheidenheit, denn Protzerei und Prahlerei passen nicht zu einem Verkaufs-Champion, das hat er nicht nötig. Nichts gegen eine gewisse Demut – aber nur dann, wenn diese Haltung wirklich einer Situation angemessen ist.

Es ist aber grundfalsch, diese Eigenschaften zu beherrschenden Erziehungszielen zu machen. Viel wichtiger ist da schon die Fähigkeit zu einer realistischen Einschätzung der eigenen Möglichkeiten und die Erziehung zu einer positiven und optimistischen Weltsicht. Wichtig ist auch, Kinder zu einer realistischen Einschätzung von Situationen zu erziehen. Denn dann können sie selbst entscheiden, wann Bescheidenheit, Sparsamkeit und Zurückhaltung angebracht sind. Denn die falsche Einschätzung von Situationen führt oft dazu, daß Menschen ein falsches Verhalten zeigen.

Weil finanzielles Wohlergehen sehr wesentlich zur Lebensqualität beiträgt, sind Aussprüche von typischen Versagern wie „Geld allein macht auch nicht glücklich", „Reiche haben auch ihre Probleme" und „Mit Geld kann man nicht alles kaufen" wenig hilfreich. Solche Phrasen sind wohl eher dazu geeignet, eigenes Versagen zu kaschieren.

„Um reich zu werden, muß man rücksichtslos, gemein und egoistisch oder kriminell sein." Diese Aussage ist ebenso falsch wie verleumderisch. Denn damit kriminalisiert man alle, denen es finanziell besser geht. Solche Redeweisen sagen mehr über den aus, der dies sagt. Sie bescheinigen ihm nämlich lediglich die Unfähigkeit, sich in bestimmten Situationen richtig zu verhalten, die Unfähigkeit, seine Leistungsreserven und Talente zu mobilisieren – und schlichtweg Dummheit.

Wer behauptet, Geld sei für ihn nicht wichtig, der lügt auch in anderen Lebensbereichen. Geld ist für jeden Menschen wichtig, sonst hätten wir nicht so viele Streiks wegen Lohnerhöhungen und soviel Neid von Versagern gegenüber erfolgreichen Menschen.

Um erfolgreich zu sein und zu bleiben, benötigen Sie eine positive Einstellung zu Geld und Reichtum, denn sonst werden Sie sich ständig durch negative Gefühle und Zweifel selbst sabotieren und Ihren Erfolg behindern oder diesen gar zerstören. Erfolg wird nun einmal durch Leistung dargestellt, und Leistung wird in unserer Gesellschaft mit Geld honoriert. Es ist deshalb nicht falsch zu sagen, daß derjenige, der wohlhabend ist, dies in aller Regel durch seine Leistung geworden ist. Und gute Leistungen zu erbringen liegt schließlich im Naturell des Menschen, und es wäre widernatürlich, einen jungen Menschen vom Leistungsgedanken zu entwöhnen.

Sie brauchen Geld dafür, um Ihren Kindern die besten (meist die teuersten) Schuhe zu kaufen, damit sich die kleinen Füße richtig entwickeln und nicht in billigem Schuhwerk verkümmern oder verformen. Sie brauchen Geld, damit Ihre Kinder die beste Schulausbildung genießen können. Sie brauchen Geld, um Ihrer Lebenspartnerin die Lebensqualität schaffen und erhalten zu können, die sie aus Ihrer Sicht verdient. Nur mit ausreichend Geld können Sie sich im juristischen Krisenfall den besten Anwalt leisten, um nicht nur Recht zu haben, sondern dies auch vor Gericht zu erhalten. Wenn es zu gesundheitlichen Problemen kommt, können Sie die besten Ärzte bezahlen und überallhin in die Welt fliegen, um sich effektiv, sinnvoll und erfolgreich therapieren zu lassen.

> Geld ist nicht besonders wichtig, es hat nur den gleichen Stellenwert wie Sauerstoff!

Leistung zählt

Vor allen Dingen müssen Sie sich vor Augen halten, daß Sie nur für das bezahlt werden, wofür Sie einen Gegenwert geben. Sie werden in Ihrem Beruf immer genau entsprechend der Leistung bezahlt, die Sie Ihren Kunden gegenüber erbringen.

Der Markt bezahlt Sie nicht für schlechte oder gar keine Leistung. Jeder Erfolg im Leben ist im wahrsten Sinne des Wortes ein verdienter und gerechtfertigter Erfolg, denn der wirtschaftliche Erfolg steht in unmittelbarem Zusammenhang mit der Leistung, dem Service und den Vorteilen, die Sie für Ihre Kunden erbringen.

Daß dieses Leistungsdenken nicht fest in uns allen verankert ist, liegt im wesentlichen an der Erziehung. Unsere Kinder und wir werden von Menschen erzogen und ausgebildet – Lehrer, Professoren – die in ihrem Leben die Schule niemals verlassen haben. Von Menschen also, die niemals selbst auf dem „Schlachtfeld" Marktwirtschaft gestanden haben und sich harter Konkurrenz ausgesetzt sahen. Dennoch sollen sie anderen Menschen beibringen, wie diese ihr Leben zu gestalten haben oder einrichten sollen. Sie als Verkaufs-Champion müssen aber grundsätzlich akzeptieren, daß Erfolg in unmittelbarer Relation zu Ihrer Leistung, zu Ihrem Leistungswillen, zu Ihrer Leistungsbereitschaft steht. Sie verdienen im Leben das, was Sie leisten.

Das Problem ist natürlich, daß sehr viele Menschen nicht bereit sind, 110 Prozent zu geben und genau das mehr zu leisten, was Versager nicht bereit sind zu tun. Indem Sie aber immer 110 Prozent geben, erzielen Sie den angestrebten Erfolg.

Es scheint Menschen zu geben, die der festen Überzeugung sind, sie müßten sterben, wenn sie in einer Woche länger als 40 Stunden arbeiten. Mit dieser Grundeinstellung können Sie natürlich keine besonderen Erfolge erzielen, denn Sieger unterscheiden sich von Versagern dadurch, daß der erfolgreiche Mensch handelt, während der erfolglose Mensch nur darüber redet.

„Das könnte ich auch" und „Das könnte ich besser" sind die so geliebten Aussagen der typischen Verlierer. Und wenn Sie den Versager fragen, ob er in diesem Bereich schon einmal etwas geleistet hat oder ob er schon einmal bewiesen hat, daß er es besser könnte, wird er sagen: „Nein, habe ich nicht, aber ich könnte, wenn ich wollte. Ich will bloß nicht."

Der Verkaufs-Champion und Drogen

In der heutigen Zeit sollte ein erfolgreicher Mensch seine Person, seine Persönlichkeit und vor allen Dingen seine Gesundheit bewußt erleben. Ich meine: Man kann heute nicht mehr gleichzeitig ein intelligenter Mensch und ein Raucher sein! Man kann heute nicht mehr gleichzeitig ein intelligenter Mensch und ein Trinker sein! Man kann heute nicht mehr gleichzeitig ein intelligenter Mensch sein und Medikamentenmißbrauch betreiben! Man kann heute nicht mehr gleichzeitig ein intelligenter Mensch und ein Konsument von Aufputschmitteln sein! Man kann heute nicht mehr gleichzeitig ein intelligenter Mensch und ein Konsument von Hanf und harten Drogen sein. Die negativen Auswirkungen auf den Körper, insbesondere auf das Gehirn, sind heute so bekannt, daß es schon an Selbstzerstörung grenzt, wenn man sich willentlich diesen Gefahren aussetzt. Schlimmer ist es noch, wenn man sich in die Abhängigkeit von Alkohol, Nikotin, Medikamenten und harten Drogen begibt. Das bedeutet doch in Wirklichkeit, daß diese Mittel stärker sind als das Selbstbewußtsein, der Selbsterhaltungstrieb dieser Menschen. Es paßt einfach nicht zusammen, wenn man einerseits ehrgeizige Ziele verfolgt und andererseits sein Wohlergehen von Rauschmitteln abhängig macht. Das ist ein Zeichen von absoluter Schwäche! Und Schwäche kann sich ein Verkaufs-Champion nicht leisten.

In den USA gibt es einen Club, in dem sich die mächtigsten und besten Unternehmensleiter und Top-Verdiener zusammengetan haben. Keiner von ihnen ist älter als 40 Jahre, und keiner von ihnen raucht, trinkt Alkohol oder nimmt Drogen.

> Wer dumm genug ist, seinen Körper durch Drogen oder Alkohol zu zerstören, wird auch nicht intelligent genug sein, um seinen Weg im Verkauf bis nach ganz oben zu schaffen und diesen Erfolg zu erhalten.

Ich widme deshalb diesem Thema nicht so viel Aufmerksamkeit, weil in der heutigen Welt jedem Menschen alle notwendigen Informationen über schädliche Nebenwirkungen solcher Mittel zur Verfügung stehen. Jemand, der es sich selbst nicht wert ist, für sich das Optimum an Gesundheit, Vitalität, Energie, Einsatz- und Leistungsbereitschaft mit allen ihm zur Verfügung stehenden Möglichkeiten herauszuholen, wird ohnehin nur begrenzte Erfolge produzieren.

Damit meine ich nicht, daß Sie nicht einmal ein Glas Wein oder einen Sherry als Aperitif vor einem guten Essen trinken dürfen. Aber jede Form des Exzesses, der Übertreibung, der Regelmäßigkeit bedeutet für Sie, daß Sie sich selbst abhängig machen von einer Zigarette, einer Droge oder vom Alkohol. Sie sind dann nicht mehr Herr Ihres Lebens, sondern werden von diesen gesundheitszerstörenden Elementen kontrolliert.

Wenn Sie sich in einer Situation befinden, in der Sie Ihren wahren Wert erkennen und derartige destruktive Verhaltensmuster für immer beseitigen möchten, können Sie sich gerne an uns wenden (siehe Anhang des Buches), und Sie werden schnelle und sachkundige Informationen erhalten. Es werden Ihnen direkte, effektive und in der Regel auch problemlose Wege aufgezeigt, wie Sie selbst die vollkommene Kontrolle über Ihr Leben übernehmen und sofort jedes destruktive Verhaltensmuster beenden können.

Kapitel 4
Die Psychologie des Verkaufens

Zum besseren Verständnis beginnen wir damit, daß Sie sich bewußt darüber werden, daß Sie nicht im Versicherungsgeschäft sind, nicht im Immobilien- oder Industriegütergeschäft. Sie sind in keinem anderen Geschäft als im Geschäft mit Menschen – ganz gleich, was Sie verkaufen.

Um erfolgreich zu sein, muß der Verkaufs-Champion in der Lage sein, Menschen zu verstehen, und deshalb ist es besonders wichtig, daß Sie die Motive kennenlernen, aus denen heraus Menschen kaufen.

Menschliche Werte

Die Wertvorstellungen eines jeden Menschen sind genauso individuell verschieden wie Fingerabdrücke. Und Ihre ganz persönlichen Wertvorstellungen bestimmen Ihre gesamte Art zu handeln. Sie bestimmen Ihren Lebensstil, Ihre Ziele, Ihre Beweggründe, Ihre Motivation.

Ihre persönlichen Wertvorstellungen oder anders gesagt, Glaubenssysteme, sind nicht logisch aufgebaut worden, sondern sind durch äußere Umstände, Rahmenbedingungen oder andere Menschen entstanden, bevor Sie alt genug waren, eigene Wertvorstellungen zu entwickeln.

Der Aufbau ihrer Wertvorstellungen beginnt früh in der Kindheit, wenn Ihre Eltern Ihnen gegenüber ihre Wertvorstellungen vom Leben als grundsätzliche Regeln aufzwingen. Wenn Sie nach den Regeln Ihrer Eltern gelebt haben, dann waren Sie ein gutes Kind, und wenn Sie es nicht getan haben, waren Sie eben ein böses oder schlechtes Kind.

Wenn Sie sich nicht an die Wertehierarchie Ihrer Mutter gehalten haben, wurden Sie durch Zurückweisung, Ablehnung, Liebes- und Aufmerksamkeitsentzug, physische Gewalt oder andere Repressalien bestraft. Wenn das nicht half, wurde der Vater hinzugezogen, der mit härteren Maßnahmen die Erziehung vorantreiben sollte. Und wenn das alles

nichts half, gab es Aussagen wie: „Dann kommst du eben ins Heim."
Kommt Ihnen das bekannt vor?

Diese Methodik funktioniert über Belohnungs- und Bestrafungsprinzipien. In der Schule ging es weiter, wenn ein Lehrer seine Wertvorstellungen vom Leben und von der Welt kundtat. Folgten Sie diesen, waren Sie ein guter Schüler, lehnten Sie sich dagegen auf, waren Sie ein schlechter Schüler oder gar ein Rebell. Später in der Lehre oder im Beruf übernahmen Sie die Wertvorgaben des Chefs oder der Führungskräfte. Dann wurden Sie belohnt. Wenn nicht, wurden Sie bestraft. Ihr gesamtes Leben hindurch kamen Sie in viele Situationen, in denen andere Menschen Ihnen ihre Wertvorstellungen aufzwangen.

Eine andere Möglichkeit, durch die persönliche Werte entstehen, sind Helden oder Idole, also Personen oder künstlich geschaffene, nicht existente Figuren aus dem Film oder anderen Bereichen der Unterhaltungswelt. Vielleicht wollten Sie wie diese Personen sein, beziehungsweise so, wie Sie glaubten, daß diese Personen sind. Dazu gehört, daß Sie sich nicht nur so verhielten, sondern auch deren Wertvorstellungen übernahmen oder das, was Sie für die Wertvorstellungen dieser Personen hielten.

Grundsätzlich ist dagegen auch nichts einzuwenden, solange die Vorbilder dem jungen Menschen positive Werte vermitteln. Es ist sicherlich nicht falsch, wenn man so konzentriert arbeiten können möchte, wie Boris Becker sein Handwerk auf dem Tennisplatz verrichtet, wenn man seine Handlungen so voraussehend und überlegt ausführen möchte, wie ein großer Schachspieler seine Züge am Schachbrett plant, wenn man bei seinen Aufgaben so engagiert zu Werke gehen möchte, wie Mutter Theresa sich um die Ärmsten der Armen kümmerte.

Gefährlich sind in der heutigen Zeit die vielen „Helden", die sich ihrer Vorbildfunktion gar nicht bewußt sind, die „Stars", die von den Medien der höheren Auflage oder der besseren Einschaltquote wegen „gemacht" werden. Doch was haben diese wirklich vorzuweisen? Spielen die Fußballstars wirklich immer ein Teamspiel? Ist der Filmheld wirklich so charakterstark wie die Person, die er in einer Rolle verkörpert? Ist das Model wirklich so attraktiv, wie es mit der Hilfe von Visagisten und Fotografen auf den Titelseiten dargestellt wird? Was wissen wir schon, wie diese Idole wirklich sind? Rücksichtslosigkeit, Neid, Hinterlistigkeit, Unbeherrschtheit und andere Schattenseiten dieser „Stars" werden der

Öffentlichkeit erst dann präsentiert, wenn sie ausgedient haben oder wenn sie von interessierter Seite denunziert werden sollen.

Für noch schlimmer halte ich es, wenn Antihelden durch Fernsehen und Kino populär gemacht werden. Wenn Kinder oder heranwachsende Jugendliche einen Antihelden verehren, der gegen Gesetze, Gemeinschaft, gegen Verantwortung und Fair Play ist und dieses auch verkörpert. Wenn dieser Antiheld Drogen, Alkohol- und Nikotinmißbrauch betreibt, besteht die Gefahr, daß unreife Menschen diese Werte ihres Antihelden übernehmen.

Die stärksten Wertvorstellungen werden allerdings durch Menschen in Ihrer unmittelbaren Umgebung geprägt. Unterschätzen Sie nicht den sozialen Druck einer Gruppe. Erinnern Sie sich an Ihre erste Zigarette? Nur selten ist es die reine Neugierde, sondern meist ist es der Gruppenzwang, der Kinder zu ihrer ersten Zigarette greifen läßt. Wie stark der soziale Druck sein kann, erkennen Sie auch regelmäßig dann, wenn eine neue Mode kreiert wird. Nicht alle Damen, die auf Schuhen mit Plateausohlen einherschreiten – mit denen sie ihren Füßen auch nichts Gutes tun –, finden diese Schuhe schön. Aber was soll man denn machen? Alle Freundinnen tragen diese Schuhe, und sie werden ja auch in den Auslagen so präsentiert, als müsse man so etwas tragen. Gehen Sie ruhig die letzten Modetrends durch, an denen Sie sich beteiligt haben. Fanden Sie wirklich alles schön?

Selbstverständlich lernen Menschen, Kompromisse zu schließen, aber irgendwann in unserem Leben treffen wir eine Entscheidung darüber, wer wir sind oder sein wollen. Entsprechend dieser imaginären Person, für die wir uns halten oder die wir sein wollen, entwickeln wir Werte und beginnen dementsprechend, Entscheidungen zu treffen und zu handeln.

Sobald Sie die Möglichkeit haben, über Ihren Umgang relativ frei zu entscheiden, werden Sie sich mit Menschen umgeben, die dem persönlichen Selbstimage, das Sie sich gegeben haben, entsprechen oder der Entwicklung dieses Selbstimages dienlich sein könnten.

Wenn Sie dann an Ihrem Selbstimage im wirtschaftlichen, finanziellen, politischen oder persönlichen Bereich arbeiten, werden Sie sich einen anderen Umgang suchen als den, den Sie bisher geflegt haben. Das bedeutet beispielsweise für den politischen Bereich, Sie werden sich also Menschen suchen, die entweder ähnliche politische Interessen haben oder Ihnen dabei helfen können, auf der politischen Leiter emporzusteigen. Ähnlich verhält es sich mit finanziellen Zielvorstellungen: Sie werden die Nähe von Menschen suchen, die Ihnen dabei helfen können, Ihr eigenes wirtschaftliches Ziel zu erreichen, oder die eine Vorbildfunktion einnehmen.

Auch die Entscheidung darüber, welches Auto Sie sich wünschen, wird durch Ihr Selbstimage bestimmt, das auch Ihre langfristigen Zielsetzungen beeinflussen und verändern kann. So kann es beispielsweise sein, daß jemand, der immer in einem Angestelltenverhältnis tätig war, das Ziel hatte, einen guten Mittelklassewagen zu fahren. Nachdem er sich beruflich selbständig gemacht hat und neue Möglichkeiten sieht, größeren finanziellen Reichtum zu schaffen, wünscht sich dieser Mensch nunmehr eine Luxuskarrosse. Wertvorstellungen sind variabel, flexibel und können sich ständig ändern.

Wenn ein Mensch seine Wertvorstellungen bewußt verändert, bestimmt er seine Weiterentwicklung und möglicherweise auch die anderer Menschen. Als Cassius Clay, später bekannt als Muhamad Ali, als Schwergewichtsweltmeister immer wieder sagte „Ich bin der Größte", hob er nicht nur sein Selbstimage, sondern auch das sehr vieler farbiger Mitmenschen in den USA.

Letztlich bestimmen Ihre Wertvorstellungen Ihr ganzes Leben: Wenn Sie beispielsweise das Glaubenssystem für sich entwickelt haben, daß Ihnen die Farbe Schwarz am besten steht, werden Sie immer, wenn Ihnen etwas Wichtiges bevorsteht, einen schwarzen Anzug oder ein schwarzes Kostüm tragen. Ihre persönlichen Werte bestimmen die Art und Weise, wie Sie sich ernähren, in welchem Wohngebiet, in welchem Haus Sie leben, in welchem persönlichen Umfeld. Und sie bestimmen die Art und Weise, wie Sie Ihre Kinder erziehen. Ihre Werte bestimmen letztendlich sogar, mit welchem Partner Sie zusammenleben.

Streitigkeiten innerhalb der Familie entstehen in der Regel dadurch, daß Partner unterschiedliche Wertvorstellungen haben. Also ist es eher ein Konflikt der Wertvorstellungen, der ständig Reibereien und Unstimmigkeiten auslöst. Und die Streitigkeiten werden nicht enden, bevor nicht einer von beiden oder gar beide ihre Wertvorstellungen in bestimmten Bereichen verändern.

Ihre Hobbys, Ihre Berufswahl und die Art und Weise, wie Sie Ihren Beruf ausüben, wird von Wertvorstellungen bestimmt. Und selbstverständlich auch, wie und mit wem Sie Ihre Freizeit verbringen. Ihre Wertvorstellungen von dem, was richtig oder falsch, gut oder schlecht ist, bestimmen, wen oder was Sie fördern oder wen oder was Sie bekämpfen.

Letztendlich ist jeder Krieg in der Geschichte der Menschheit ein Krieg gewesen, der von unterschiedlichen Wertvorstellungen ausgegangen ist – ganz gleich, ob es ein religiöser Krieg war oder ein Krieg, der durch unterschiedliche Wertvorstellungen im politischen Bereich, in der Entscheidung zwischen Diktatur und Demokratie, Kommunismus und Kapitalismus ausgelöst wurde.

Wir fühlen uns am wohlsten, wenn wir von Menschen umgeben sind, die die gleichen Wertvorstellungen haben wie wir. Das ist der Grund dafür, daß wir ganz bestimmte Wohngebiete wählen oder Mitgliedschaften in bestimmten Clubs oder Interessenverbänden beantragen. Und das ist auch der Grund dafür, warum wir alle ständig bemüht sind, unsere persönlichen Wertvorstellungen so oft und so deutlich und so laut wie möglich zu kommunizieren. Wir sind ständig bemüht, unserer Umwelt unsere persönlichen Werte zu vermitteln.

> Der Mensch neigt dazu, jedem Menschen zu mißtrauen, dessen Wertvorstellungen er nicht versteht. Und wir fühlen uns nur wohl und sicher, wenn wir von Menschen umgeben sind, deren Wertvorstellungen die gleichen sind wie unsere.

Die Wertvorstellungen, die wir haben, machen unser Ego, unsere Persönlichkeit aus. Zuviele Menschen sind darauf dressiert worden zu glauben, daß es etwas Negatives ist, ein starkes Ego zu haben. Tatsache ist jedoch: Ein Mensch mit ausgeprägtem Ego ist jemand, der stolz auf sich ist und dies nach außen kommuniziert. Und daran kann ich beim besten Willen nichts Negatives finden. Ein starkes Ego ist gut, hilfreich und sinnvoll, wenn es richtig und aufrecht ist.

Als Verkaufs-Champion können Sie mit diesem Wissen nun entsprechend effektiv im Interesse des Kunden und in Ihrem eigenen Interesse vorgehen, indem Sie den Kunden davon überzeugen, daß Ihr Produkt- oder Serviceangebot für ihn die ideale Lösung eines Problems oder die optimale Befriedigung eines Bedürfnisses darstellt, weil es genau seinen Wertvorstellungen entspricht.

Wir sprechen deshalb an dieser Stelle darüber, weil jeder Mensch, mit dem Sie in Zukunft zu tun haben werden, ein Ego hat. Und Sie als Verkaufs-Champion müssen in der Lage sein, dieses Ego, das die Summe all seiner Wertvorstellungen repräsentiert, zu überzeugen.

Alle besonders erfolgreichen Menschen wachsen in zwei Etappen. Durch das Darstellen ihres Egos versuchen sie zunächst, sich selbst und andere von ihrem Wert als Person zu überzeugen. Sie versuchen, anderen Menschen zu zeigen, wer sie sind und was zu leisten sie in der Lage sind. Haben sie diese Stufe erst einmal erreicht und überschritten, leben sie den Rest ihres Lebens nur noch dafür, sich selbst, ihre Fähigkeiten, Talente und ihre Persönlichkeit zur Schau zu stellen.

Die Antwort auf die Frage, warum reiche Menschen immer weiteren Reichtum anziehen und noch größeren Reichtum schaffen, liegt darin begründet, daß diese häufig damit beginnen, anderen Menschen zu beweisen, was sie zu leisten in der Lage sind. Sie bauen so ihr Startkapital auf. Nachdem Sie das geschafft haben, fahren Sie damit fort, weil sie nun selbst erkunden wollen, wo ihre Grenzen sind.

Verdeckte Ego-Symbole

Viele Menschen präsentieren ihrer Umwelt ihre Wertvorstellungen durch Symbole. Ein typisches Beispiel ist der besonders gebildete Mensch mit sehr hohem Einkommen, der aber großen Wert darauf legt, das billigste Auto zu fahren, das auf dem Markt erhältlich ist.

Ich betreue mehrfache Millionäre, die in einer Mittelklasse-Gegend in einem Mittelklasse-Haus wohnen, das vollkommen unscheinbar oder gar billig wirkt und auch extrem billig eingerichtet ist. Andererseits haben sie beispielsweise eine Jagdhütte, die über zwei Millionen Dollar gekostet hat, und die wie ein Palast eingerichtet ist. Das nenne ich ein verdecktes Ego-Symbol.

Es ist nun sehr wichtig, daß Sie alles verstehen, was mit Ihrem Ego zusammenhängt, aber vor allen Dingen, daß Sie verstehen, was das Ego Ihres Kunden ausmacht, den Sie vor einem Kauf überzeugen müssen.

Sie wollen den Kunden zu einer Entscheidung oder einer Handlung bewegen, und das geht nur dann, wenn Sie in der Lage sind, das bewußte oder das verdeckte Ego des potentiellen Kunden zu befriedigen. Wenn es Ihnen gelingt, das Ego Ihres Kunden zu nutzen, anstatt es zu bekämpfen, dann können Sie den Kunden in jede Richtung bewegen, die für ihn richtig und für Sie von Vorteil ist.

Wenn Sie das Ego des Kunden bekämpfen, ganz gleich, ob Sie es für richtig oder falsch halten, ob Sie seine Einstellung teilen oder nicht, ob Sie seine Wertvorstellungen akzeptieren oder nicht, gibt es keine andere Möglichkeit für den Kunden, als „nein" zu sagen. Er wird Sie ablehnen und Sie als Feind betrachten, denn sein persönliches Ego ist Bestandteil seines Selbsterhaltungstriebs. Alles, was sein persönliches Ego angreift oder gefährdet, wird aus seinem Leben verbannt.

Das Ego des Kunden überzeugen

Wertvorstellungen und Ego sind flexibel, variabel und veränderbar, und hierin liegt die Chance für den Verkaufs-Champion. Das Problem ist aber, daß jemand, der seine Wertvorstellungen plötzlich und häufig ändert, von anderen als unzuverlässig oder als wankelmütig eingestuft und als Heuchler bezeichnet wird. Dabei können veränderte Wertvorstellungen auch Wachstum, Weiterentwicklung oder Veränderung des Blickwinkels bedeuten.

Bei der Entwicklung von Kindern spielt es häufig eine Rolle, wenn ein Elternteil mehrfach heiratet und dadurch unterschiedliche Persönlichkeiten auf das Kind einwirken. So wird das Kind in der Entwicklung durch unterschiedliche Wertehierarchien geprägt. Es paßt sich jeweils an oder entwickelt aus einer Trotzreaktion heraus genau das Gegenteil.

Menschen können gleichzeitig mehrere unterschiedliche Wertehierarchien unterhalten, die abwechselnd wirksam werden. Geht ein Mensch beispielsweise nach 20 Jahren erfolgreicher beruflicher Tätigkeit zurück in den kleinen Heimatort, in dem er geboren und erzogen wurde, werden sich seine Verhaltensweisen und Wertvorstellungen wieder dem Umfeld anpassen, wenn er sich dort mit Menschen umgibt, deren Wertvorstellungen sich nicht verändert haben.

Niemand hat konstante Werte. Beispielsweise kann ein Betrunkener auf einmal vollkommen andere Wertvorstellungen, ein vollkommen anderes Ego zeigen als gewohnt. Oder jemand besucht das Spielerparadies Las Vegas und wird von der Faszination des Glücksspiels angezogen, obwohl es in seinem Wertesystem eigentlich keinen Platz hat. Auch kann es sein, daß, wenn Sie eine besonders attraktive Frau oder einen besonders attraktiven Mann treffen, sich Ihre Wertvorstellungen über die partnerschaftliche Treue blitzartig verändern.

Wir versuchen also immer, eine bestimmte Palette von Wertvorstellungen zu präsentieren, die der augenblicklichen Lebenssituation angepaßt ist. Beispielsweise können die Wertvorstellungen am Arbeitsplatz andere sein als die, die Sie am Feierabend im eigenen Heim entwickeln.

Wertekonflikte vermeiden

Sehr häufig neigen Verkäufer, die sich als Spezialisten in einem bestimmten Gebiet etabliert haben, beispielsweise im Computerbereich, dazu, den Kunden von ihren eigenen Wertvorstellungen, nämlich von dem, was sie für richtig, gut und sinnvoll halten, zu überzeugen. Sie vergessen dabei, daß der Kunde aufgrund seiner eigenen Werte kaufen will.

Experten begehen oft den Fehler, daß sie ein Gespräch mit einem Kunden in eine Konfrontation ausarten lassen, weil sie zu wissen glauben, was für den Kunden richtig ist. Sie machen ihre eigenen Werte häufig zu einer Prinzipienfrage und sagen: „Wenn der Kunde nicht in der Lage ist, das zu verstehen, verdient er das Produkt ohnehin nicht."

Bedenken Sie, daß Sie als Verkäufer, wann immer Sie in einem Kundengespräch, in einer Präsentation, in einer Abschlußverhandlung sind, den wichtigsten Menschen der Welt zu diesem Zeitpunkt vor sich haben, den Kunden. Wenn der Kunde, während Sie ihn beraten und betreuen, nicht der wichtigste Mensch für Sie ist, werden Sie niemals Ihr volles Potential als Verkaufs-Champion nutzen können.

Wertekonflikte und verkaufszerstörende Diskussionen mit dem Kunden entstehen, wenn Sie Ihr Werte- oder Glaubenssystem verteidigen, anstatt sich auf das Wertesystem des Kunden einzustellen.

> **Sie können möglicherweise in einer Diskussion die Oberhand behalten, aber Sie werden immer den Kunden verlieren.**

Der Verkaufs-Champion läßt sich aber vom Wertesystem seines Kunden keinesfalls beeinflussen – nicht durch seine Frisur, nicht durch sein

Auftreten, seine Art, sich zu kleiden, seine Art zu essen, nicht durch dessen Tätowierungen oder dessen ungewöhnliche Art, seinen Körper zu präsentieren.

Um keine unnötigen Konflikte und negativen Diskussionen heraufzubeschwören, sollten Sie es vermeiden, Ihre Wertvorstellungen dem Kunden gegenüber darzustellen. Das ist einer der wichtigen Gründe, weshalb Verkäufer lieber zuhören sollten, als zu reden.

> Die Natur hat uns einen Mund und zwei Ohren gegeben. Dies sollte uns daran erinnern, daß wir doppelt soviel zuhören wie reden sollten.

Außerdem wissen Sie bereits, daß der Verkaufs-Champion nichts behauptet, keine Aussagen macht, dem Kunden nichts erzählt, sondern daß er dem Kunden Fragen stellt. Nur durch gezielte, effektive Fragestellung, die unter anderem auch die Wertvorstellungen und Ziele des Kunden erfragt, ist es möglich, ihn zur richtigen Antwort zu führen. Wenn Sie etwas sagen, neigt der Kunde dazu, es zu bezweifeln. Wenn er selbst etwas sagt, ist es grundsätzlich richtig.

> Wenn Sie dem Kunden nur Fragen stellen und der Kunde Antworten gibt, wird der Kunde nur mit seinen eigenen Wertvorstellungen konfrontiert. Sie vermeiden somit unnötige Konflikte.

Konflikte durch Auftreten und Kleidung

Auch Auftreten und Kleidung zählen zu den individuellen Werten. Um unnötige Konflikte in diesem Bereich zu vermeiden, ist es besonders wichtig, daß Sie sich immer so sauber, ordentlich und gepflegt verhalten, sprechen und auftreten, daß jeder Mensch, ganz gleich, welchen Stand er in der Gesellschaft hat, gern mit Ihnen zusammen ist.

Sie sollten sich so kleiden wie die Personen, zu denen Ihr Kunde geht, um Rat oder Hilfe in Anspruch zu nehmen. Kleiden Sie sich so wie die Experten, denen Ihr Kunde vertraut. Zudem haben aktuelle Verkaufsforschungen erwiesen, daß Männer und Frauen in dunkelblauen Anzügen oder Kostümen erheblich mehr verkaufen als anders gekleidete Personen. Zum Blau des Anzugs sollten Sie eine Krawatte tragen, die mindestens einen Rotton enthält. Bei Frauen gehört zum blauen Kostüm ein rotes Halstuch.

Wir leben heute im Zeitalter der Spezialisten, und jeder möchte natürlich von dem besten Experten beraten und betreut werden. Und genauso sollte Ihr Auftreten und Ihr Verhalten sein – wie das eines Experten in Ihrem Bereich.

Unter gewissen Voraussetzungen ist es angebracht, sich in der Kleidung, soweit möglich, den Personen anzupassen, die Sie ansprechen. Gerade im Bereich des Network-Marketing, in dem Sie darauf angewiesen sind, neue Mitarbeiter zu finden und Menschen anzusprechen, die mit Ihnen gemeinsam für eine Idee, für ein Produkt- oder Serviceangebot tätig werden, stellt es ein Problem dar, wenn Sie dem möglichen neuen Mitarbeiter durch unangemessene Kleidung ein schlechtes Gefühl vermitteln. Wenn Sie beispielsweise einen Fußballtrainer zur Mitarbeit bewegen wollen und ihn in seiner Kabine vor dem Training aufsuchen, sollten Sie nicht unbedingt einen dunklen Anzug und eine Krawatte tragen. In diesem Fall sollten Sie sich sportlich und nicht zu steif kleiden. Ein Trainingsanzug ist allerdings nicht erforderlich. Allerdings sollten Sie nie auf einen gewissen Stil, ein gewisses Niveau in Ihrem Auftreten und bei Ihrer Kleidung verzichten.

Wenn Sie sich kleiden wie Ihre Kunden oder Ihre möglichen neuen Mitarbeiter, sind diese Menschen gern mit Ihnen zusammen, sie fühlen sich in Ihrer Nähe wohl und wollen mit Ihnen Geschäfte tätigen.

So verändern sich Werte

Sie müssen immer ein guter Beobachter sein und vor allen Dingen respektieren, daß Wertvorstellungen sich ständig, ja manchmal von einer Stunde zur anderen verändern können, beispielsweise durch besondere Erlebnisse oder neue Erkenntnisse und Informationen.

Erinnern Sie sich doch einmal, wie sehr sich Ihre persönliche Einstellung und Ihre Wertvorstellungen, Ihr Selbstimage, Ihr Ego innerhalb der letzten fünf Jahre verändert haben. Wie viele neue Erkenntnisse, Verhaltensweisen, wie viele Veränderungen an Ihrem Image haben Sie in Ihrem Leben vollzogen? Hat sich Ihre Frisur in den letzten fünf Jahren geändert? Hat sich Ihre Kleidung verändert, oder umgeben Sie sich inzwischen mit anderen Menschen? Auch das repräsentiert eine Veränderung in Ihren Wertvorstellungen.

Haben Sie Sorgen oder Befürchtungen, die Sie zuvor niemals hatten? Kennen Sie mittlerweile Einflußmöglichkeiten, die Sie vorher nicht kannten? Glauben Sie heute an Menschen, an die Sie früher nicht geglaubt haben, oder glauben Sie an Menschen nicht mehr, an die Sie früher geglaubt haben? Wann immer eine Veränderung stattgefunden hat, haben sich auch Wertvorstellungen verändert. Gerade der Verkaufs-Champion muß sich über die Fülle der Möglichkeiten von Wertveränderungen bei Menschen, Gruppen oder ganzen Nationen bewußt sein, um ständig in der Lage zu sein, seine Argumente effektiv und sinnvoll einzusetzen.

Seien Sie sich vor allen Dingen über moralische und ethische Veränderungen im Denken von Menschen im klaren. Dies können Sie am leichtesten daran feststellen, in welche Richtung die Berichterstattung der Medien geht. Was heute toleriert wird, kann vor fünf Jahren noch als verwerflich gegolten haben oder umgekehrt.

Der Verkaufs-Champion macht es sich zu einer lebenslangen Aufgabe, Veränderungen der Glaubenssysteme und Werthierarchien von Menschen zu studieren und seine Vorgehensweise entsprechend anzupassen. Sie werden aber niemals in der Lage sein, ein Glaubenssystem und eine Wertvorstellung durch Logik zu verändern.

Wenn Sie jemals in Ihrer Vergangenheit einen anderen Menschen mit Logik und Fakten davon überzeugen wollten, daß seine Einstellung, sein Glaubenssystem oder seine Wertvorstellung falsch ist, hat sich dieser Mensch dann bei Ihnen dafür bedankt? Wurde er danach ein echter Freund? Oder ist genau das Gegenteil eingetreten? Haben Sie Streit und Feindseligkeit geschaffen? Menschen wollen nicht belehrt, sondern in ihren Glaubenssystemen bestätigt werden.

Wenn Sie einen Menschen seiner Wertvorstellungen berauben, ist er wie ein Schiff ohne Ruder, und deshalb läßt er sich das nicht gefallen. Wenn der Mensch sich gar nicht mehr anders helfen kann, sagt er einfach: „Das haben wir schon immer so getan, das werden wir auch weiterhin so tun" oder „Das ist bei mir eine Frage des Prinzips, und ich werde es genauso weitermachen wie bisher."

Wenn Sie einen Menschen damit konfrontieren, daß seine Wertvorstellungen in irgendeinem Bereich falsch sind, wird er dies nicht akzeptieren, sondern er wird kämpfen. Außerdem werden seine Wertvorstellungen dadurch eher gefestigt als verändert.

Aber wie kommt es, daß sich unsere Wertvorstellungen trotzdem immer wieder verändern können? Wir haben die meisten unserer Wertvorstellungen durch das Belohnungs- und Bestrafungsprinzip erworben, und die Möglichkeit, es auch auf diese Art und Weise zu verändern, bleibt bestehen. Diese Vorgehensweise kann auch heute dazu benutzt werden, um Wertvorstellungen zu verändern.

Die Angst vor Bestrafung ist etwas Elementares, das wir unser gesamtes Leben lang nicht verlieren. Selbst Menschen, die scheinbar unabhängig und frei sind, fürchten immer noch Krankheit, göttliche Strafe oder ähnliches. Auffällig ist, daß die meisten Menschen weniger Angst vor körperlicher Bestrafung als vor einer Bestrafung des persönlichen Egos haben. Um Bestrafung zu verhindern, verändern Menschen sogar ihre Wertvorstellungen.

Auch neue Helden und Vorbilder verändern unsere Wertvorstellungen. Wenn Menschen, die Ihnen besonders wichtig sind, ihre Wertvorstellungen verändern, führt auch das dazu, daß Sie höchstwahrscheinlich Ihre Wertvorstellungen entsprechend angleichen.

Negative Erfahrungen und das Bewußtsein „Ich will nicht, daß das noch einmal geschieht oder einem Menschen passiert, der mir wichtig ist", kann Werte entsprechend verändern. So kann beispielsweise ein schwerer Unfall oder eine Strafe die Einstellung zu Alkohol am Steuer verändern.

Die Veränderung Ihres persönlichen Selbstimages hat den größten Einfluß auf die Veränderung Ihrer Werte, Entscheidungen und Verhaltensmuster. So verhält sich beispielsweise ein Verkäufer, der unter 100 000 Mark im Jahr verdient und das für sich als richtig empfindet, vollkommen anders als jemand, dessen Selbstimage ihm sagt, daß seine Arbeit mindestens 500 000 Mark pro Jahr wert ist. Und wenn eine Person beispielsweise ihr Selbstimage von „Meine berufliche Tätigkeit ist 50 000 Mark im Jahr wert" auf „500 000 Mark im Jahr wert" ändert, so verändern sich dadurch sein Auftreten, seine Zielsetzung, seine Entscheidungen und vor allen Dingen seine Wertvorstellungen in vielen Bereichen.

Ihren Kunden aber interessieren Ihre Wertvorstellungen überhaupt nicht. Denn jeder Kunde hat ein großes Schild um den Hals hängen, auf dem steht: „Welchen Nutzen habe ich? Welchen Vorteil können Sie mir bieten?"

Lernen Sie die Sprache des Kunden zu verstehen und zu sprechen, denn wenn er glaubt, daß Sie so sind wie er, dann mag er Sie und hat eine positive Einstellung dazu, mit Ihnen ins Geschäft zu kommen.

Ist Ihr Kunde ein Geschäftsmann, müssen Sie mit ihm in der Sprache des Geschäftsmannes reden. Wenn Ihr Kunde ein Wissenschaftler, ein Arzt oder Rechtsanwalt ist, sollten Sie versuchen, sich mit seiner Terminologie vertraut zu machen. Lernen Sie einiges über die Verhaltensweisen dieser Berufsgruppen, und versuchen Sie, in der gleichen Art und Weise zu kommunizieren, wie es diese Menschen gewohnt sind.

Wenn ein Mensch glaubt, daß Sie so sind wie er, mag er Sie. Wenn er das Gefühl hat, daß Sie anders sind, mag er Sie nicht. Wenn er das Gefühl hat, daß Sie vollkommen anders sind, haßt er Sie.

Jeder Verkaufs-Champion ist auch ein Kommunikationsprofi, und Sie müssen alles Erdenkliche dafür tun, um in der Lage zu sein, perfekt mit Ihrer Umwelt zu kommunizieren.

Kapitel 5
Streß im Verkauf

Selbstverständlich weiß ich, daß viele von Ihnen nach einem Arbeitstag oder nach verschiedenen harten Arbeitstagen vollkommen „die Nase voll davon haben", mit anderen Menschen zu sprechen. Sie wollen niemanden zurückrufen, sich mit niemandem unterhalten, sich am liebsten in Ihrem Zimmer einschließen und niemanden sehen und hören. Diese Phasen entstehen durch Streß und dadurch bedingten Energiemangel. Der richtige Umgang mit Streßreizen kann Ihnen aber helfen, Energietiefs zu vermeiden und Ihre Handlungsfähigkeit zu erhalten.

An dieser Stelle möchte ich Ihnen einige Ratschläge geben, damit Sie in Zukunft besser mit Streßsituationen umgehen können. Listen Sie bitte einmal alle Situationen auf, die Ihnen Streß, Schwierigkeiten, Angst oder Zweifel bereiten, und schreiben Sie auf, warum das für Sie Streß bedeutet.

Situation	Warum ruft diese Situation Streß hervor?

Allein dadurch, daß Sie sich eben der Streßsituationen und der Faktoren, die Streß auslösen, bewußt geworden sind, können Sie nun Anti-Streß-Techniken entwickeln. Man kann sicherlich nicht allen Streßsituationen aus dem Weg gehen, aber einige lassen sich vermeiden. Für die anderen Situationen sollten Sie sich Verhaltensregeln zurechtlegen, die Sie zunächst visualisieren und dann in der Praxis einsetzen.

Der Visualisierung sollten Sie großen Wert beimessen. Gehen Sie die Streßsituationen in Gedanken immer wieder durch, lassen Sie vor Ihrem geistigen Auge diese Situationen Revue passieren, und reagieren Sie dann, immer noch vor Ihrem geistigen Auge, so, wie Sie es sich eigentlich wünschen. Wiederholen Sie diese Übung regelmäßig und so lange, bis das neue Verhalten so tief eingeprägt ist, daß Sie es auch in der Realität übernehmen.

Schreiben Sie nun auf, wie Sie sich in den oben aufgeführten Situationen in Zukunft besser, anders, effektiver und sicherer verhalten können und wodurch Sie vermeiden können, daß diese Situationen für Sie Streß bedeuten. Sie werden staunen, daß Sie in der Regel auf jedes Problem, das sich Ihnen im Leben stellt, eine Antwort haben, wenn Sie wirklich in sich selbst nach einer Lösung suchen.

Sehr viel Streß läßt sich durch eine effektive und erfolgreiche Umstellung von vornherein verhindern. Treffen Sie einfach die Entscheidung, daß Sie nicht mehr bereit sind, sich von anderen Menschen einen schönen Tag vermiesen zu lassen. Seien Sie nicht mehr bereit, mißgestimmt durchs Leben zu gehen. Entscheiden Sie sich dafür, von nun an positiv und energievoll alle anstehenden Aufgaben anzugehen.

Seien Sie nicht mehr bereit, auf negative Einstellungen aus Ihrer Umwelt mit einer entsprechend negativen Einstellung zu reagieren. Es hängt grundsätzlich von Ihrer Entscheidung ab, wie Sie mit dem, was im Leben geschieht, umgehen. Sie können zwar nicht die Windrichtung bestimmen, aber Sie entscheiden, wie Sie Ihre Segel setzen und bestimmen dadurch die Richtung, in der Ihr Schiff fährt. Wenn jemand beispielsweise sagt: „Du bist ein Idiot", dann haben Sie die Möglichkeit, sich darüber zu ärgern und zu denken: „Was fällt dem ein, er ist selbst ein Idiot." Sie erzeugen dadurch Streß, Energieverlust und verderben sich Ihre Laune und Ihren Tag. Als Verkaufs-Champion antworten Sie künftig einfach: „Du hast eine interessante Meinung." Sie werden feststellen, daß Sie Ihr Gegenüber vollkommen verunsichern und aus der Bahn werfen und daß Sie sich selbst gut statt schlecht fühlen.

Den Streß im Verkauf überstehen

Möglicherweise wissen Sie, daß ich ursprünglich aus dem Bereich der Therapie komme und Streßschäden und Managerkrankheiten mein Schwerpunktbereich waren. In meiner Klinik für Streßschäden und Managerkrankheiten in Kanada konnte ich immer wieder feststellen, daß sehr viele Krankheiten, auch Alkohol- oder Drogenmißbrauch oder übermäßiger Zigarettenkonsum, wesentlich vom Mangel an Energie, ausgelöst durch Streßfaktoren, abhängen.

In Zusammenarbeit mit den Forschern der NAPS Research International konnte ich wissenschaftlich dokumentieren, daß 80 Prozent aller neurotischen Störungen oder Erkrankungen wie Magen- und Darmgeschwüre, spezifische Kopfschmerzen, neurotisches Verhalten und undefinierbare Ängste bei den von uns getesteten Personen hauptsächlich durch nicht verarbeiteten Streß, falsch bewältigten Streß oder den falschen Umgang mit Streßfaktoren entstanden sind.

Ich komme nicht umhin, in all meinen Seminaren und Publikationen immer wieder den gesundheitlichen Aspekt in den Vordergrund zu rücken. Denn was nützt Ihnen jeder finanzielle und wirtschaftliche Erfolg, wenn Sie diesen aus gesundheitlichen Gründen nicht genießen können? Damit Sie den Erfolg, den Sie sich schaffen, gesund erleben und genießen können, sollten Sie, der Verkaufs-Champion, diesem Kapitel Ihre besondere Aufmerksamkeit widmen.

Die Ausschüttung von Streßhormonen, die durch Streßreize ausgelöst wird, führt zu einer Kampf- und Fluchtreaktion. Diese hormonell gesteuerten Reaktionen können Sie beim Kunden selbstverständlich nicht ausleben. Sie können sich weder physisch mit ihm auseinandersetzen noch können Sie einfach aufstehen und weglaufen. Deshalb bleiben die den Körper vergiftenden und unverarbeiteten Streßhormone im Organismus und schaden Ihrer Gesundheit.

Meine Recherchen über Streß im Verkauf führten mich zu einer neuen Erkenntnis: Unverarbeiteter Streß und dadurch entstehender Energiemangel führen bei Verkäufern nach einer gewissen Zeit zur totalen Handlungsunfähigkeit. Wir erleben es immer wieder in der therapeutischen Praxis, daß Topmanager, Führungskräfte und Spitzenverkäufer plötzlich nicht einmal mehr in der Lage sind, den Telefonhörer abzunehmen, um mit ihrem besten Freund zu telefonieren. Sie wollen das Haus nicht mehr verlassen, niemanden sehen oder sprechen und haben häufig ihre Lust am Leben verloren. Dieser emotionale und physische Zusammenbruch ist durch Energiemangel und die Unfähigkeit, mit dem besonderen Streß im Bereich des Verkaufs umgehen zu können, ausgelöst worden.

In einer modernen Welt, mit modernen Kunden, die intelligenter, geschulter und gebildeter sind als jemals zuvor, mußten auch Sie als Verkäufer Ihre Verkaufsstrategien, Präsentationen und den Umgang mit Kunden modernisieren. Der Verkaufs-Champion mußte sich vom einfachen Verkäufer zum Spezialisten, zum Experten wandeln. Das war notwendig, denn letztendlich findet Verkauf immer über Vertrauen statt. Wenn der Kunde mehr über Ihr Produkt- oder Serviceangebot weiß als Sie selbst, kann kein Vertrauen wachsen.

Allerdings baut sich durch mangelndes Selbstwertgefühl und Selbstverständnis ebenfalls Streß auf. Sie können diesen Streßfaktoren am besten entgegenwirken, wenn Sie soviele Fähigkeiten und soviel Wissen aufbauen, daß Sie sicher und ruhig, mit Selbstbewußtsein und Selbstvertrauen in eine Präsentation gehen können, ohne die ständige Angst, daß eine Frage auftreten könnte, die Sie nicht beantworten können. Je mehr psychologisches Hintergrundwissen Sie haben, je mehr Kommunikationsfähigkeiten Sie besitzen und praktizieren, desto sicherer, ruhiger und entspannter gehen Sie in eine Präsentation und reduzieren Ihr Streßerleben drastisch.

Wenn Sie in ein Verkaufsgespräch gehen und Angst vor allem haben, was geschehen könnte, weil Sie sich selbst nicht ausreichend vorbereitet haben, dann ist es selbstverständlich, daß Sie sich in einer katastrophalen Streßsituation befinden.

Wie Sie Streßfaktoren in Erfolgsfaktoren umwandeln

Um mit Streß optimal umgehen zu können, müssen Sie wissen, was Streß wirklich ist und wie Streß Sie persönlich belastet.

Wann immer Sie sich in einer Situation gefährdet, belastet, eingeengt oder unsicher fühlen, werden Streßhormone ausgeschüttet, immer dann, wenn ihr Gehirn eine Gefahrensituation erkennt, also etwas geschieht, das Sie mental, emotional oder physisch gefährden oder schädigen könnte. So nehmen beispielsweise viele Verkäufer das Wort „Nein", die Absage eines Kunden, persönlich und fühlen sich abgelehnt und zurückgewiesen. Dies stellt einen enormen Streßreiz dar. Lernt der Verkäufer nicht, mit einem „Nein" umzugehen, Streßfaktoren effektiv zu handhaben und entstandenen Streß sinnvoll umzuwandeln in produktive Handlungen, wird er in diesem Beruf nicht besonders glücklich, nicht erfolgreich und vor allen Dingen nicht alt werden.

Selbstwertgefühl, Selbstvertrauen, Wissen, Fähigkeiten, Fertigkeiten – all das sind Faktoren, die Sie nicht nur optimal auf Erfolg vorbereiten, sondern auch dafür sorgen, daß keine unnötigen Streßreize aufkommen.

Die wohl interessanteste Erkenntnis im Bereich Streßschäden und Managerkrankheiten ist, daß man durch den geistigen, emotionalen und physischen Umgang mit einer Lebenssituation selbst steuern kann, ob das Gehirn etwas als Streß bewertet oder nicht. Jede Situation ist zunächst vollkommen neutral, bis wir sie bewerten. Das heißt also beispielsweise: Sie können ein „Nein" des Kunden als Herausforderung ansehen, um beweisen zu können, was für ein hervorragender VerkaufsChampion Sie sind. Sie können ein „Nein" des Kunden allerdings auch als persönliche Zurückweisung ansehen und als Ausrede dafür, aufgeben zu dürfen. Es liegt also in jeder Lebenssituation an Ihnen, wie Sie diese bewerten und wie Sie darauf reagieren. Der moderne Verkaufs-Champion sorgt nicht nur dafür, daß sein persönliches Streßerleben auf ein Minimum reduziert wird und der übliche Dis-Streß (negative Reize) in Eu-Streß (positive Streßreize) gewandelt wird. Er sorgt auch dafür, daß beim Kunden und seiner unmittelbaren Umgebung das Dis-Streßerleben so gering wie möglich gehalten wird.

Wenn Sie sich in einer Gemeinschaft mit Menschen befinden, die alle ausgeglichen, erfolgreich, glücklich und zufrieden mit sich und ihrem Leben sind, fühlen Sie sich innerhalb dieses Umfeldes erheblich wohler und glücklicher als in einer Welt, die geprägt ist von Neid, Haß, Agression und Streß. Es gehört in Ihren persönlichen Verantwortungsbereich, dafür zu sorgen, daß die Menschen, mit denen Sie täglich zu tun haben, streßfreier, glücklicher und zufriedener leben, und Sie werden feststellen, daß dieses Lebensgefühl schon bald auf Sie reflektiert wird. Ihre Umgebung, die Menschen mit denen Sie sich umgeben, bestimmen unmittelbar, wie Sie sich fühlen. Und schon in Ihrem eigenen Interesse sollten Sie dafür sorgen, daß alle Menschen, mit denen Sie zu tun haben, sich so wohl wie nur möglich fühlen.

Hinzu kommt, daß ein Kunde, der es gewohnt ist, von negativen Menschen, negativen Informationen und negativen Emotionen umgeben zu sein, sich in Ihrer Gegenwart entspannt und deshalb viel lieber mit Ihnen Geschäfte macht als mit anderen. Und darauf müssen Sie im modernen Verkauf bauen: auf Freundschaft und Vertrauen des Kunden.

Sie wissen selbst, daß Sie am besten verkaufen können, wenn Sie eigentlich nicht unbedingt verkaufen müssen, wenn Sie also auf die Provision aus einem Verkauf nicht angewiesen sind. Durch die finanzielle Sicherheit verändert sich Ihre Einstellung und damit Ihr Auftreten – Ihre innere Ruhe und Sicherheit, Ihr Selbstvertrauen und Selbstwertgefühl. Je ausgeglichener und stabiler Sie sind, um so besser werden Sie verkaufen. Wenn Sie finanziell unter Druck stehen und Ihren Kunden lediglich als denjenigen sehen, der es durch einen Kauf ermöglicht, daß Sie die nächste Rate für Ihr Auto bezahlen können, und Sie befürchten müssen, daß Ihr Auto gepfändet wird, falls der Kunde nicht kauft, dann ist es verständlich, daß Sie in einer solchen Verfassung nicht optimal beraten und verkaufen können.

Es gibt Verkaufstechniken und Strategien, die auf Macht, Kontrolle und Dominanz gegenüber dem Kunden bauen. Das ist überholt und gefährlich. Menschlichkeit, Ehrlichkeit, Offenheit, Vertrauen, ein freundliches Lächeln, ehrliche Komplimente, wirkliches Interesse am Leben und Wohlergehen des Kunden, das sind die wesentlichen Charakteristika eines erfolgreichen Verkaufs-Champions, die auch außerhalb seines Berufsfeldes deutlich werden.

> Ein Verkaufs-Champion zu sein ist eine Lebenseinstellung, eine Philosophie, etwas, das Sie täglich leben und erleben müssen, um es zu perfektionieren. Ein Verkaufs-Champion verschafft seinem Kunden durch sein Produkt- oder Serviceangebot den größtmöglichen Vorteil.

Ganz besonders wichtig ist es für den Verkaufs-Champion, darauf zu achten, wie und in welcher Art und Weise er mit seiner Umwelt und mit sich selbst kommuniziert. Sie kennen die einschläfernden, langweiligen und ermüdenden Reden und Vorträge vieler Menschen. Ohne Begeisterung und Leidenschaft schläfern sie nicht nur ihre Zuhörer ein, sondern auch sich selbst. Wie sollen diese ihr Unterbewußtsein wachrütteln, zum Handeln und Durchhalten motivieren, wenn sie es durch monotones, emotionsloses Gerede einschläfern?

Nicht nur Ihre Zuhörer, Ihre Kunden, Ihre Freunde, Ihre Mitarbeiter oder Ihre Manager hören Sie, sondern in erster Linie ist es Ihr eigenes Unterbewußtsein, Ihr Gehirn, das ständig mithört, was Sie auf welche Art und Weise zu sagen haben.

Lernen Sie also, in einer Art und Weise mit Ihrer Umwelt zu kommunizieren, durch die Sie sich selbst motivieren. Sprechen Sie so, daß Sie selbst für etwas interessiert werden könnten, und sprechen Sie so mit allen Menschen.

Die meisten Menschen verlieren ihre Zuhörer, wenn sie monoton und langweilig sprechen oder wenn sie über etwas sprechen, das den Gesprächspartner nicht im geringsten interessiert, beispielsweise Ihre Krankheiten, Wehwehchen und Leiden. So werden Sie zu einem gefürchteten und gemiedenen Gesprächspartner. Niemand möchte sich das anhören, und niemand möchte seine Zeit mit jemandem verschwenden, der sich immer nur beschwert, der immer nur jammert und weint. Sprechen Sie begeistert und leidenschaftlich, und vermeiden Sie es, anderen Ihre Probleme, Wehwehchen und Schwierigkeiten zu schildern. Bemühen Sie sich, zu den Menschen zu gehören, mit denen die Umwelt gern zusammen ist, die die Mitmenschen anziehen und mögen.

Ich möchte Sie nun bitten, eine Übung in Sachen Begeisterung durchzuführen. Schreiben Sie zunächst einmal auf, was Sie wirklich begeistert. Das kann Ihre Partnerschaftsbeziehung sein, Hobbys oder auch einzelne Ereignisse. Danach notieren Sie bitte, was Sie an Ihrem Beruf begeistert, was Sie schön finden.

Was mich begeistert:

_____

_____

_____

_____

_____

_____

Was mich an meinem Beruf begeistert:

_____

_____

_____

_____

_____

_____

Nun möchte ich Sie bitten, sich mit Ihren Aufzeichnungen zu dem, was Sie wirklich begeistert, vor einen Spiegel zu stellen und Ihrer Begeisterung Ausdruck zu verleihen – mit Ihrer Stimme, Ihrer Mimik und Ihrer Gestik. Sprechen Sie dann mehrmals hintereinander laut und kräftig: „Ja, ich bin begeistert von meinem Beruf, ich liebe meinen Beruf, und ich bin ein erfolgreicher Verkäufer." Danach formulieren Sie voller Engagement die angenehmen Seiten Ihres Berufs.

Es mag Ihnen am Anfang schwerfallen, mit sich selbst zu sprechen und begeistert und leidenschaftlich darüber zu reden, was für einen großartigen Beruf Sie ausüben dürfen. Nach einiger Übung wird das aber ganz leicht und selbstverständlich werden, und Sie werden schon bald in der Lage sein, sich immer wieder schnell selbst für Ihren großartigen Beruf, für Handeln und Durchhalten begeistern und motivieren zu können. Je öfter Sie begeistert und leidenschaftlich über Ihren Beruf, über Ihre Person, über Ihr Produkt- oder Serviceangebot sprechen, um so selbstverständlicher und natürlicher wird dies für Sie, und schon bald werden Sie beim Kunden mit der gleichen Begeisterung sprechen und herausragende Resultate erzielen.

Darf ich Sie nun, um die Wirkung positiver Inhalte auf Ihre Sprechweise zu demonstrieren, um eine weitere Übung bitten: Bitte schreiben Sie einmal auf, was Sie alles verlieren würden, was Sie alles nicht mehr hätten, auf was Sie verzichten müßten und was Sie niemals erreichen könnten, wenn es den Beruf des Verkäufers nicht mehr geben würde und Sie von heute an nie wieder verkaufen dürften.

Wenn Sie nun versuchen, die eben notierten Fakten mit der gleichen Begeisterung vorzutragen wie die positiven Seiten Ihres Berufs, so werden Sie feststellen, daß das nicht möglich ist. Die Inhalte bestimmen die Art und Weise, wie Sie sprechen. Weil Sie aber über Verlust sprechen, kann Sie das nicht begeistern, und deshalb kann Ihre Stimme auch nicht begeistert klingen. Sie können nur Engagement und Begeisterung ausdrücken, wenn Sie sich mit dem Inhalt Ihrer Aussage völlig identifizieren. Und deshalb ist es so wichtig, daß Sie von den Produkten, die Sie verkaufen, völlig überzeugt sind.

Um erfolgreich zu sein, ist es wichtig, daß Sie sich mit den richtigen Menschen umgeben, mit Menschen, die Sie anspornen, die Sie begeistern, die Sie leidenschaftlich machen, die Ihnen dabei helfen, durchzuhalten, wenn Ihnen selbst die Motivation ausgeht, und die Ihnen Selbstvertrauen und Selbstbewußtsein vermitteln, wenn Sie selbst nicht mehr an sich und das Erreichen Ihrer Ziele glauben können.

Suchen Sie die Nähe von Menschen, die die Erfolge, die Sie produzieren wollen, bereits erreicht haben. Nutzen Sie diesen Umgang, um sich selbst anzuspornen, dasselbe oder gar mehr zu erreichen und einen Lebensstil zu schaffen, der Ihren Wünschen und Vorstellungen entspricht.

Erfolg muß zum Bestandteil Ihres Denkens, Handelns und Lebens werden, denn beruflicher Erfolg ist nichts anderes als die Reflektion inneren Erfolgs. Wenn Sie eine großartige Persönlichkeit sind, die in der Lage und willens ist, dem Kunden zu geben, was seinen wahren

Bedürfnissen entspricht, zu einem fairen Preis und in der bestmöglichen Qualität, dann ist es nur eine Frage der Zeit, bis sich der materielle Erfolg einstellt.

Nur wenn Sie an sich selbst, Ihren Erfolg und Ihre Zukunft glauben, gehen Sie mit hundertprozentigem Einsatz an die Realisierung Ihrer Ziele heran, und nur dann haben Sie eine echte Chance, die Ihren Talenten, Fähigkeiten und Ihrem Potential entsprechenden Resultate zu erzielen.

> Leben Sie ein Leben voller Leidenschaft und Begeisterung für sich selbst und Ihren großartigen Beruf. Das Leben und Ihr Beruf werden es Ihnen dadurch danken, daß Sie ein Vielfaches von Ihrem Einsatz, Ihrer Begeisterung und Leidenschaft zurückerhalten.

Viele Menschen glauben, daß sie nicht berechtigt sind, erfolgreich zu sein. Weil sie glauben, daß sie es durch ihr Verhalten, durch ihre Leistungen nicht verdienen, sabotieren sie ihr Leben durch negatives Verhalten, Faulheit, Bequemlichkeit, Zögern oder Selbstzerstörung in Form von Alkohol oder Drogenmißbrauch.

Sie alle haben in Ihrem Leben, in Ihrer Schul- oder Studienzeit bestimmt einen Lehrer gehabt, der Sie so begeistert und fasziniert hat, daß Sie alles tun wollten, um diesem Lehrer nachzueifern oder nach diesen Ideen zu leben. Aber Sie hatten auch andere Lehrer. Und wenn Sie mit diesen Menschen zu tun hatten, waren es die längsten Stunden Ihres Lebens, und Sie waren froh, wenn Sie den Unterricht hinter sich gebracht haben.

Mit dem erstgenannten Lehrer wollten Sie gern zusammensein, und die andere „Sorte" wollten Sie möglichst meiden. Sie als Verkaufs-Champion sind ein Lehrer, ein Spezialist, ein Experte für Ihren Kunden, und Sie müssen der Lehrer sein, mit dem der Kunde gern zusammen ist. Sie müssen der Lehrer sein, von dem er gern lernt, dem er gern nacheifert und dessen Ausführungen er begeistert folgt.

Nur innere Begeisterung kann auf andere Menschen übertragen werden. Meinen persönlichen Erfolg als Trainer führe ich auf die Begeisterung zurück, die ich für meine Tätigkeit und für meine Seminarteilnehmer in mir trage. Sie wiederum müssen lernen, sich zuerst einmal selbst zu begeistern, erst für Ihre eigene Person, dann für Ihren großartigen Beruf und dann für Ihr Produkt- beziehungsweise Serviceangebot.

Wenn Sie sich diese drei Faktoren nicht erst selbst verkauft haben, können Sie diese auch keinem Kunden verkaufen. Verkauf beginnt also damit, daß Sie sich selbst erst das verkaufen, was Sie dem Kunden verkaufen wollen. Alle besonders erfolgreichen Verkäufer, ganz gleich in welchem Bereich, besitzen und benutzen in der Regel ihr Produkt selbst und haben sich somit von den Vorteilen Ihres Produkt- oder Serviceangebots überzeugt.

Wir leben heute im Zeitalter der Dienstleistung und erst in zweiter Linie im Informationszeitalter. Service heißt eigentlich dienen. Und genau das ist es, was Sie für den Kunden tun müssen. Sie müssen ihm bestmöglich dienen, damit er durch Sie alle Vorteile erlangt, die er durch den Erwerb Ihres Produkt- oder Serviceangebots erwartet – und wenn möglich, sogar mindestens zehn Prozent mehr, als er erwartet.

Wenn Sie nicht nett, freundlich, ehrlich und offen kommunizieren, wenn Sie sich nicht selbst verkaufen und dafür sorgen, daß der Kunde Ihnen vertraut und Sie als Experten akzeptiert, haben Sie in der Welt des Verkaufs keine große Zukunft. Der Kunde kauft kein Produkt- oder Serviceangebot, sondern der Kunde kauft Sie, den Verkaufs-Champion, den Experten, den Berater, den Vertrauten, den Freund. Der Kunde kauft keine Sache, keinen Service, sondern der Kunde kauft den Nutzen, den Sie ihm bieten.

Kapitel 6
Dem Erfolg verpflichtet

Viele Verkäufer begehen denselben Fehler wie hunderttausend Verkäufer vor ihnen. Sie versuchen zu verkaufen, sie versuchen, als Verkäufer erfolgreich zu sein. Allein die Tatsache, daß sie sagen oder denken „Ich versuche es einmal und werde dann feststellen, was dabei herauskommt", macht sie erfolglos. Der Versuch, etwas zu tun, hat noch nie jemandem wirklichen Erfolg gebracht. Entweder man tut etwas oder man läßt es. Mit dem Verkäufer ist es genau wie mit der Schwangerschaft: Man kann nicht ein bißchen schwanger sein, und man kann auch nicht ein bißchen Verkäufer sein.

Wer möchte von einem Herzspezialisten operiert werden, der sagt: „Ich will versuchen, erfolgreich ein Herz zu verpflanzen." Sie wollen den entschlossenen Spezialisten, der weiß, was er tut, der an seine Fähigkeiten und Möglichkeiten glaubt, und der nicht versucht, Sie erfolgreich zu operieren, sondern der Sie erfolgreich operiert.

Entschließen Sie sich also voll und ganz dazu, mit aller Kraft, mit allen Möglichkeiten und Fähigkeiten, den Beruf des Verkäufers auszuüben und voll und ganz dazu zu stehen. Viele Menschen beginnen als Verkäufer, angestellt oder selbständig, und haben Angst, etwas zu verlieren, Angst, sich zu blamieren, Angst, zurückgewiesen zu werden, Angst zu versagen. Und aus diesem Grund handeln sie nicht mit voller Überzeugung, Einsatzbereitschaft, Energie und Begeisterung.

Doch was haben Sie schon zu verlieren? Sie haben den Beruf gewählt, und wenn Sie mit voller Leidenschaft und Begeisterung alles geben, was haben Sie wirklich zu verlieren? Nichts. Sie können lediglich gewinnen. Wenn Sie zögern oder Ihre Energie, Möglichkeiten, Talente und Fähigkeiten nicht einsetzen, beraubt Sie das nur Ihrer möglichen Erfolge und Lebensqualität.

Jeder, der über ein überdurchschnittliches Einkommen verfügt und überdurchschnittlich erfolgreich ist, hat sich zu hundert Prozent dem verpflichtet, was er tut, und gibt stets sein Allerbestes. In den meisten Fällen ist es sogar richtig, Brücken abzubrechen, die es Ihnen ermöglichen könnten, in den alten Beruf oder in ein Angestelltenverhältnis zurückzukehren. Schließen Sie die Möglichkeit des Versagens, des Aufgebens, des Zurückgehens in die Vergangenheit vollkommen aus, und verpflichten Sie sich dem Verkauf zu hundert Prozent. Wenn Sie wissen, Sie müssen alles geben, um zu überleben und erfolgreich zu sein, fällt es Ihnen erheblich leichter, als wenn Sie sich ständig ein Hintertürchen offenhalten.

Wann immer Sie Ihre Karriere vorantreiben oder Ihr Leben verbessern wollen, können Sie dies nur durch Veränderung tun. Das einzige, was im Leben konstant ist, ist die Veränderung. Sie haben nichts zu verlieren, wenn Sie sich verändern, sondern lediglich etwas zu lernen, etwas zu gewinnen, zu wachsen, zu reifen und sich weiterzuentwickeln.

Machen Sie sich bewußt, daß Sie, um erfolgreich zu werden und zu bleiben, bereit sein müssen, ständig neu zu lernen, mit offenem Geist und der richtigen Einstellung durchs Leben zu gehen. Sie müssen ständig nach neuen Informationen, Möglichkeiten, Techniken, Strategien, Erfahrungen und Erkenntnissen suchen und diese umsetzen. Ständige, regelmäßige Weiterbildung ist der Schlüssel für bleibenden Erfolg.

Die meisten Menschen sind nicht bereit, in sich selbst zu investieren. Sie werden für immer zum Mittelmaß oder zu den Versagern gehören. Jeder erfolgreiche Mensch, den ich kenne, ist auf eine gesunde Art und Weise süchtig nach neuen Informationen, nach Weiterbildung in dem Bereich, in dem er in der Regel schon viel erfolgreicher ist als andere.

Vielleicht sind Sie Verkäufer geworden, weil jemand Sie dazu überredet hat oder Ihnen jemand eingeredet hat, es sei leicht und einfach, ein erfolgreicher Verkäufer zu sein. Ich muß Sie enttäuschen, denn genau das Gegenteil ist richtig. Es ist hart und schwer, ein besonders erfolgreicher Verkäufer zu sein. Alle, besonders erfolgreichen Verkäufer, haben sehr schnell gelernt, daß der Weg zum Erfolg mit harter Arbeit, extremer Einsatzbereitschaft und ständiger Weiterentwicklung von Wissen, Fähigkeiten, Talenten und Techniken gepflastert ist. Sie bekennen sich dazu, daß sie einen besonders schwierigen, wenn auch einen besonders schönen Beruf gewählt haben. Sie kämpfen mit vollem Einsatz und sind ständig bereit, jede neue Herausforderung anzunehmen.

Und mit der Einstellung des Kämpfers, mit der Zielsetzung, nichts anderes als Erfolg zuzulassen, handeln diese Menschen solange, bis sie ein Fundament für Erfolg in diesem großartigen Beruf entwickelt haben. Sie führen ihr Leben im ständigen Bewußtsein, das Allerbeste für den Kunden, die Firma und sich selbst zu geben. Dies wurde zu einem Bestandteil ihrer Persönlichkeit. Der Verkaufs-Champion kann gar nicht mehr anders, als sich optimal verhalten. Der Erfolg wird eine Selbstverständlichkeit, die nichts mit Glücksrittertum, Zufall oder ähnlichem zu tun hat.

Die Zeit des Abzockens, wie früher so oft praktiziert, ist lange vorbei. Jeder auch nur halbwegs gebildete Verkäufer weiß heute, daß er nur dann in diesem Beruf überleben kann, wenn er langfristige Kundenkontakte aufbaut, die auf Freundschaft, Zuverlässigkeit, Vertrauen und Ehrlichkeit basieren und die sicherstellen, daß der zufriedene Kunde immer wieder bei ihm kauft – und wenn möglich auch seine Kinder und Enkelkinder.

Menschen kaufen von Menschen, Menschen kaufen Emotionen, Menschen kaufen nicht, was sie unbedingt benötigen, sondern das, was sie haben möchten, was sie auch emotional zufriedenstellt. Aus diesem Grund wird auch das Internet niemals den Erfolg haben, der ihm prophezeit wird. Es wird immer nur eine begrenzte Gruppe von Kunden geben, die über anonyme Instrumente wie das Internet kaufen werden. 75 Prozent aller Kunden wollen weiterhin beraten werden, Kontakt zu realen Menschen haben, einen konkreten Ansprechpartner, einen Freund, einen Spezialisten.

Auch werden sich über das Internet nur ganz bestimmte Waren – und dann auch nur über den Preis – verkaufen lassen, und diese Preisschraube nach unten kann natürlich nur begrenzt weitergedreht werden. Deshalb wird es immer einen großen Bedarf an Verkäufern geben, die vor Ort den Kunden ansprechen, ganz gleich, was Ihnen die Medien augenblicklich als Zukunftsvision präsentieren.

Verkaufstechniken und -verhalten müssen konditioniert und automatisiert werden, so daß sich das gewünschte Verhalten festsetzt und Sie sich gar nicht mehr anders verhalten können, als in der gewollten und gewünschten Art und Weise, nämlich professionell und korrekt. Man programmiert und konditioniert Verhaltensweisen durch regelmäßige Wiederholungen, also durch Handeln. In der Regel setzt sich dieses gewünschte neue Verhaltensmuster bei täglicher Wiederholung nach spätestens 21 Tagen in Ihrem Nervensystem als neurologischer Fakt fest und wird zum festen Bestandteil der Persönlichkeit.

Alles, was Sie in Zukunft automatisch machen wollen, müssen Sie einfach solange tun, bis es scheinbar wie von selbst abläuft. Können Sie sich noch an Ihre Fahrschulzeit erinnern? Sie mußten die Kupplung treten, Gas geben, lenken, den Verkehr beobachten, die Straßenschilder beachten, die Höchstgeschwindigkeit einhalten und, und, und. Es schien fast unmöglich, all diese Dinge gleichzeitig zu beherrschen. Und schon nach der fünften oder sechsten Fahrstunde war alles schon erheblich leichter. Und nun denken Sie einmal daran, wie Sie heute fahren. Sie unterhalten sich mit anderen Personen im Wagen, hören gleichzeitig Musik im Radio, lenken mit einer Hand, erzählen Witze, und das, was vorher so schwer und als fast unmöglich erschien, läuft nunmehr so selbstverständlich, leicht und automatisch ab, daß Sie nicht einmal mehr darüber nachdenken müssen, was Sie eigentlich tun. Genauso verhält es sich mit den Verkaufstechniken und Kommunikationsstrategien. Sie müssen das, was Sie lernen und in Zukunft anwenden wollen, einfach tun.

Haben Sie keine Angst davor, etwas falsch zu machen, denn alles, was Sie zum ersten Mal tun, kann niemals perfekt sein, weil es Perfektion nicht gibt. Wann immer Sie einen Punkt erreicht haben, den Sie zuvor für perfekt gehalten haben, werden Sie feststellen: Sie können es noch besser machen. Viele Menschen handeln nicht, weil sie glauben, sie könnten es ohnehin nicht perfekt tun.

Natürlich sollten wir Perfektion anstreben, aber immer in dem Bewußtsein, daß es Perfektion an sich nicht gibt. Täglich das Optimale zu leisten und 110 Prozent zu geben, die Extra-Meile zu gehen, das unterscheidet Sieger von Versagern. Siegen heißt zu bekommen, was man will!

Lernen Sie von den Besten

Es ist äußerst besorgniserregend, daß heute zu viele sogenannte Seminarleiter Trainings und Workshops zu Themen abhalten, in denen sie selbst niemals wirklich erfolgreich waren. Ich bin der festen Überzeugung, daß niemand einem anderen etwas beibringen kann, was er selbst zuvor niemals erfolgreich getan hat.

Allzuoft wollen Menschen aus allen möglichen Berufsbereichen dem Anfänger im Verkauf mit guten Ratschlägen dabei helfen, erfolgreich zu verkaufen, ohne selbst jemals ein Stück Seife verkauft zu haben. Glauben Sie mir, Sie können von diesen, wenn auch noch so gut gemeinten Ratschlägen nicht viel Gutes lernen. Und häufig ist theoretisches Wissen oder die Meinung von Fachfremden in der praktischen Anwendung sogar äußerst gefährlich.

Wählen Sie die Menschen, denen Sie zuhören und nacheifern, sehr kritisch aus. Bedenken Sie immer, daß jemand Ihnen nur dann etwas beibringen kann, wenn er in diesem Bereich selbst außergewöhnliche Erfolge erzielt hat.

Zu viele Seminaranbieter lesen einfach einige Bücher, aus denen sie sich das Wesentliche herausschreiben, und plappern dies ohne Hintergrundwissen und ohne praktische Erfahrung bedenkenlos nach. Dies kann nur zur Katastrophe und nicht zum Erfolg führen.

Ähnlich verhält es sich mit sogenannten Motivationstrainern ohne therapeutische Erfahrung und ohne therapeutische Erfolge. Diese Trainer pushen ihr Auditorium mit Fremdmotivation, so daß diese einige Tage lang wie „aufgezogen" wirken. Doch sehr schnell verliert sich diese Fremdmotivation, und danach verfallen die Teilnehmer solcher Veranstaltungen in Frustration und Lustlosigkeit.

Der erfahrene Therapeut und Motivationslehrer weiß, daß nur Hilfe zur Selbsthilfe, Hilfe zur Eigenmotivation, langfristig wirklich etwas Positives für den Seminarteilnehmer bewirken kann. Ich selbst erlebe es immer wieder, daß Seminaranbieter meine Seminare besuchen und versuchen, meinen Erfolg zu kopieren. Dies wirkt aber nur lächerlich, denn ein Duplikat bleibt immer ein Duplikat. Und wer in die Fußstapfen eines anderen tritt, kann diesen auch niemals überholen.

Wählen Sie also Ihre Lehrer gut aus. Fragen Sie sich: „Hat dieser Mensch bereits das erreicht, was ich erreichen möchte? Ist er qualifiziert, mir Ratschläge zu geben, oder ist er nur ein Theoretiker?"

Wann immer Sie sich Kritik ausgesetzt sehen, ärgern Sie sich nicht, und lassen Sie sich nicht ärgern. Fragen Sie sich einfach: „Ist dieser Mensch ein Experte in dem Bereich, für den er hier spricht, ist er somit überhaupt qualifiziert, über diesen Bereich zu sprechen? Hat er auf diesem Gebiet mehr erreicht als ich, und ist er von der Sache her qualifiziert, sich eine Kritik über das, was ich tue, erlauben zu können?"

Als Verkäufer überleben

Es hat in den letzten Jahrzehnten drastische Veränderungen im Verkauf gegeben.

▶ Der Kunde ist skeptischer geworden, er glaubt dem Verkäufer nicht mehr. Und aus diesem Grund erwartet der Kunde Sie – vorbelastet durch eigene Negativerlebnisse und durch das, was er über Verkäufer gehört hat – mit einer großen Barriere von Abwehrmechanismen. Diese Abwehrmechanismen können bis zu Feindseligkeit und Aggression, bis zu verbalen und physischen Attacken führen.

▶ Der Kunde hat immer weniger Zeit und ist sich, im Gegensatz zu früher, sehr wohl über den Wert einer effektiven und optimalen Zeitnutzung bewußt. Als Verkaufs-Champion müssen Sie sich immer über den Wert der Zeit Ihres Kunden bewußt sein. Verschwenden Sie seine Zeit nicht.

▶ Der Großteil Ihrer Kunden wird nicht loyal sein.

▶ Der Kunde ist investionsbewußter als jemals zuvor. Er ist nicht mehr bereit, unnötig Geld auszugeben oder Geld zu verschwenden.

Diesen Veränderungen in der Kundencharakteristik muß der Verkaufs-Champion gerecht werden. Er muß die entstandenen Vorbehalte durch persönlichen Einsatz, durch umfassendes Wissen, einfühlsame Beratung und durch absolute Vertrauenswürdigkeit ausräumen. Nur dann hat er eine Chance, vom aufgeklärten Kunden ernstgenommen zu werden und ein Berater für ihn zu werden.

Professionelle Problemlöser

Als Problemlöser helfen Sie dem Kunden, ein Problem zu identifizieren und durch Ihr Angebot optimal zu lösen. Und um so vielen Menschen wie möglich dabei zu helfen, ihre Probleme zu lösen, müssen Sie erst einmal in der Lage sein, Ihre eigenen Probleme zu lösen. Sie dürfen keinesfalls zu einem Heuchler werden, der seinem Kunden etwas anderes anpreist, als das, was er selbst nutzt.

Verkaufen ist eine Lebensphilosophie, eine Einstellung. Etwas, das 24 Stunden am Tag stattfindet. Sie dürfen nicht glauben, daß Sie, wenn Sie sich zu Hause unkorrekt verhalten oder negativ kommunizieren, Sie sich beim Kunden auf Dauer anders verhalten werden. Verkaufs-Champion zu sein bedeutet, 24 Stunden am Tag die Kontrolle über das eigene Leben und Verhalten zu besitzen.

Gefahren für Ihren Erfolg

Wenn Sie also langfristig im Verkauf bleiben wollen, müssen Sie die folgenden Gefahren meiden.

Schuldgefühle

Gefühle von Schuld sind verschwendete Emotionen. Schuldgefühle rühren daher, daß Sie genau wissen, was Sie tun oder nicht tun sollten, Sie aber nicht entsprechend handeln. Lernen Sie also so schnell wie möglich, in der von Ihnen als richtig erkannten Art und Weise zu handeln. So merzen Sie unnötigen Streß durch Schuldgefühle aus.

Selbstdisziplin

Disziplin, oder besser gesagt Selbstdisziplin, ist die Grundlage von Größe, Erfolg und Ihrer Wunschkarriere. Die eben genannten Schuldgefühle können nur durch Selbstdisziplin beseitigt werden. Wenn Sie sich selbst zur Disziplin verpflichten, sich also auf das von Ihnen als richtig anerkannte Handeln programmieren, wird Selbstdisziplin wie alles andere, das Sie regelmäßig praktizieren, zu einem natürlichen, selbstverständlichen Verhaltensmuster, das automatisch abläuft. Wenn Sie sich lediglich 21 Tage verpflichten, diszipliniert zu handeln und durchzuhalten, wird dieses neue Verhaltensmuster zum Bestandteil Ihrer Persönlichkeit, ohne daß Sie künftig viel darüber nachdenken müssen. Sie werden so von einem Zögerer zu einem Handler. Wenn Sie handeln, bestimmen Sie das Geschehen. Wenn Sie nicht handeln, müssen Sie zwangsläufig auf das reagieren, was geschieht. So verlieren Sie die Kontrolle über Ihre Entwicklung und den Verlauf Ihrer Karriere.

Das Problem im Verkauf ist, daß Sie so tun können, als würden Sie arbeiten. Sie können morgens früh aufstehen, sich fertig machen, sich ins Auto setzen und losfahren und doch niemals wirklich ein Kundengespräch suchen. Sie können so tun, als wären Sie enorm beschäftigt, ohne auch nur das geringste zu bewegen. Viele Verkäufer sitzen einfach nur hinter ihrem Schreibtisch und warten darauf, daß der Kunde anruft oder vorbeikommt, und genau das wird selbstverständlich nicht geschehen. Dennoch können sie behaupten, sie waren den ganzen Tag im Büro.

Merken Sie sich deshalb gut: Arbeit ist für den Verkäufer ausschließlich die Zeit, die er mit dem Kunden verbringt, oder die Zeit, die er für den Kunden zur Lösung des Kundenproblems aufbringt. Alles andere ist Zeitverschwendung.

Zurückweisung

Zurückweisung und Ablehnung sind Bestandteil Ihres Berufes und der Grund dafür, warum Sie damit so sehr viel Geld verdienen können. Die meisten Menschen fürchten sich so sehr vor einer Zurückweisung, einem „Nein", daß sie sich ihr ganzes Leben in Sicherheit, in der trügerischen Sicherheit eines Angestelltenverhältnisses bewegen, in einem Umfeld, in der die Ablehnung und Zurückweisung in geringerem Ausmaß vorkommen. Sie aber sind ein Verkäufer, und für einen echten Verkäufer ist ein „Nein" Bestandteil seiner erfolgreichen Karriere. Sie können mit einem „Nein", einer Absage, einer Zurückweisung optimal umgehen. Akzeptieren Sie, daß ein „Nein" zu Ihrem Berufsbild gehört und daß es gut ist, denn es gibt Ihnen das Signal, daß Sie irgendetwas noch nicht richtig gemacht haben. Ein „Nein" ist nichts weiter als ein weiterer Schritt zu einem endgültigen „Ja", wenn Sie die Techniken und Strategien aus diesem Arbeitsprogramm anwenden.

Bedenken Sie vor allen Dingen, daß der Kunde niemals Sie selbst als Person zurückweist oder ablehnt, sondern lediglich ein Angebot. Er sagt „Nein" zu einer Sache und nicht zu Ihnen als Mensch. Das geschieht dann, wenn Sie ihm den Bedarf nicht optimal bewußtgemacht haben oder ihm nicht aufzeigen konnten, welche Vorteile er hat, wenn er zu Ihrem Angebot „Ja" sagt. Vergessen Sie nicht, daß es auch Kunden gibt, die aus finanziellen oder privaten Gründen heraus überhaupt nicht „Ja" sagen können.

Seien Sie darauf vorbereitet, daß Sie öfter ein „Nein" als ein „Ja" hören werden. Akzeptieren Sie, daß dies Bestandteil Ihres Berufs ist. Sehen Sie ein „Nein" als Herausforderung an, es beim nächsten Kunden besser zu machen.Sie sollten sich einen Zettel in Ihren Koffer oder Ihre Arbeitsmappe kleben, auf dem steht: „Ich nehme es nicht persönlich, ganz gleich, was geschieht!"

Enttäuschungen

Wenn Sie in Selbstmitleid versinken, weil der Kunde nicht kauft oder weil er bei der Konkurrenz gekauft hat, obwohl er Ihnen zuvor den Kauf versprochen hat, dann wissen Sie noch nicht, daß auch Enttäuschungen zum Berufsbild eines Verkäufers gehören. Anstatt im Selbstmitleid zu baden oder den Kunden zu hassen, reißen Sie sich zusammen, und gratulieren Sie dem Kunden zum Kauf. Sie sagen zum Beispiel:

> *„Verehrter Kunde, Sie haben also nach genauer Betrachtung die Entscheidung getroffen, daß das Produkt unseres Mitbewerbers für Sie günstiger oder besser ist. Das ist hervorragend, und es freut mich für Sie, daß Sie für sich eine optimale Lösung gefunden haben. Ich möchte jedoch gern von Ihnen wissen, ob Sie wenigstens mit der Zeit, die ich Ihnen zur Verfügung stellen konnte, und mit meiner Beratung zufrieden waren.“*

In den meisten Fällen sagt der Kunde hierzu „Ja", weil Sie bei ihm Schuldgefühle wecken, denn schließlich hat er Ihre Zeit und Beratung genutzt, ohne bei Ihnen zu kaufen. „Jetzt, wo Sie mit Ihrer Entscheidung zufrieden sind und ich Sie gut und kompetent beraten habe, möchte ich eine Bitte äußern. Darf ich mir erlauben, Ihnen drei meiner Visitenkarten zu schicken, die Sie an qualifizierte Kunden, Bekannte, Freunde oder Geschäftspartner weiterreichen, die Interesse an meinem Service- oder Produktangebot haben könnten?" Auch dabei werden Sie auf wenig Widerstand stoßen, denn eigentlich ist der Weg der Visitenkarten in den Papierkorb schon vorgezeichnet. Deshalb übersenden Sie die Visitenkarten und fügen einen Brief bei, der so lauten könnte:

> *Sehr geehrter Herr Müller,*
>
> *herzlichen Dank für Ihr nettes Angebot, mir bei meinen geschäftlichen Unternehmungen zu helfen, indem Sie die drei beiliegenden Visitenkarten an Personen weitergeben, die ein ernsthaftes Interesse an meinem Angebot haben. Ich werde Sie jede Woche anrufen, um sicherzustellen, daß ich diesen drei Personen, sobald Sie diesen meine Visitenkarte übergeben haben, optimalen Service bieten kann.*

Dann legen Sie eine Akte an mit dem Titel: „Die mir etwas schulden". Und darin schreiben Sie alle Namen, Adressen und Telefonnummern von eben diesen Kunden auf, die bei Mitbewerbern gekauft haben.

Als Verkaufsprofi haben Sie durch Ihren Einsatz ein Honorar verdient und müssen dafür sorgen, daß dieses hereinkommt, auch wenn der Kunde selbst nicht abgeschlossen hat. Dieses Honorar erwerben Sie auch durch Referenzen, die Sie von Ihren Kunden oder auch von denen, die nicht bei Ihnen gekauft haben, erhalten. Wenn der Kunde bei Ihnen nicht kauft, soll er Ihren Einsatz und Ihre Zeit wenigstens damit bezahlen, daß er Ihnen Namen und Adressen von qualifizierten Bekannten gibt oder Ihnen direkt den Weg zu diesen Personen ebnet.

Wenn Sie den Kunden, dem Sie Ihre Visitenkarten übersandt haben, tatsächlich wöchentlich anrufen und ihn an die drei Kunden, an die er Ihre Visitenkarten weitergeben wollte, erinnern, dann werden die Visitenkarten in der Tasche des Kunden schwer wie Stein, und er wird alles tun, um sich einerseits von seinen Schuldgefühlen zu befreien und um andererseits Sie loszuwerden.

Wenn der Kunde nicht gekauft hat, haben Sie nichts mehr zu verlieren, Sie hatten vorher keinen Kunden, und Sie haben jetzt keinen. Wenn Sie jedoch um Referenzen bitten oder nach Geschäftskontakten fragen, haben Sie alles zu gewinnen und nichts zu verlieren.

Angst

Im privaten und beruflichen Bereich verhindert dieses Gefühl, das eigentlich nur ein Warnsignal sein soll, jegliches Handeln. Angst hält die meisten Menschen davon ab, das zu erreichen, was sie sich im Leben wünschen. Aus Angst zu versagen, nichts zu schaffen, abgelehnt und zurückgewiesen zu werden, handeln diese Menschen gar nicht, damit sie sich den Schmerz ersparen.

Deshalb ist es besonders wichtig, daß Sie das, was Sie am meisten fürchten, am häufigsten tun. Alles, was Sie regelmäßig tun, fällt Ihnen jedesmal leichter, und irgendwann erkennen Sie, daß es gar keinen Grund gibt, ganz bestimmte Situationen zu fürchten. Wenn Sie lernen, Angst zu überwinden, werden Sie stärker und selbstbewußter, und wenn Sie stärker und selbstbewußter werden, werden Sie zwangsläufig erfolgreicher.

Zeit

Viele Verkäufer geraten in Zeitnot, weil sie es versäumen, täglich eine Liste von dem anzufertigen, was sie an diesem Tag erreichen wollen, und weil sie nicht zuallererst das Wichtigste tun. Sie haben oft das Gefühl, daß Planung oder Schreibarbeit ihre Zeit beschränkt oder einengt. Viele Verkäufer hassen die Schreibarbeit, doch hängt ein wesentlicher Bestandteil ihres Verkaufserfolgs von deren Korrektheit ab.

Machen Sie es sich zur Gewohnheit, gleich morgens Ihren Tagesplan festzulegen. Notieren Sie die wichtigsten Aufgaben, und erledigen Sie diese zuerst. Danach können Sie sich frei fühlen und müssen nicht ständig im Kopf behalten, was Sie unbedingt noch tun müssen. Mit einem freien Kopf sind Sie viel kreativer und schaffen mehr.

Zögern

Vor 20 Jahren war jemand, der zögerte zu handeln, ein Feigling, ein Zauderer. Heute ist es schon fast vollkommen normal geworden, daß Menschen bei allem, was sie tun wollen oder sollen, zuerst lange zögern und dann überhaupt nicht handeln. Dabei bedeutet Zögern, im Gestern zu leben, das Heute zu vermeiden und das Morgen zu ruinieren.

Viele glauben, daß erfolgreiche Menschen weniger Probleme haben und daß Sie nicht die gleichen Herausforderungen des täglichen Lebens bestehen müssen wie sie selbst. Dies ist grundsätzlich falsch, denn jeder steht täglich vor neuen Herausforderungen und Aufgaben, die er zu lösen hat. Der einzige Unterschied zwischen erfolgreichen und weniger erfolgreichen Menschen ist der, daß die erfolgreichen Menschen gelernt haben, effektiver mit ihren Problemen umzugehen, und sofort an einer Lösung arbeiten.

Erfolgreiche Menschen haben auch Zeiten, in denen sie nicht handeln, doch planen sie diese Zeiten ganz genau. Sie planen Urlaub, Entspannungszeiten, Zeit zum Nachdenken. Man könnte das „kalkuliertes Zögern" nennen. Diese Personen legen genau fest, wann sie nichts tun. Und wenn diese Menschen sich entscheiden, nichts zu tun, dann halten sie sich auch daran.

Es gibt viele Menschen, die Hunderte von Ausreden parat haben, warum sie jetzt nicht handeln können, warum dies der falsche Zeitpunkt ist. Diese Menschen sind unglaublich kreativ darin, Ausreden dafür zu finden, nicht handeln zu müssen oder aufgeben zu dürfen. Besser wäre es allerdings, sie würden ihre Kreativität anderweitig einsetzen, nämlich bei der Suche nach Gründen, wonach sie sofort handeln müßten.

Leistungsdruck

Es gibt sehr viele Menschen, die nicht damit umgehen können, auf ein bestimmtes Arbeitspensum festgelegt zu werden. Andere Menschen wiederum können es nicht verkraften, wenn in ihrer Kasse Ebbe ist. Sie können nicht kreativ denken oder aktiv sein, wenn sie kein Geld haben. Es gibt Personen, die nicht unter finanziellem Druck arbeiten können, und andere, die nur unter finanziellem Druck arbeiten können. Wenn Sie zu den letzteren zählen, geben Sie schnell Ihr Geld aus, und legen Sie los.

Lieferfristen

Es gibt Zeiten im Leben eines Verkäufers, in denen er bereit ist, alles zu versprechen, um einen Abschluß zu machen, obwohl er genau weiß, daß der Lieferzeitpunkt unmöglich einzuhalten ist. Sie sollten diesen Fehler keinesfalls machen, weil Sie, wenn Sie einen Lieferzeitpunkt nicht einhalten können, das Vertrauen des Kunden verlieren. Mit größter Wahrscheinlichkeit können Sie diesen Kunden dann unter „Ehemalige" führen.

Wenn Sie Probleme mit dem Lieferzeitpunkt haben, führen Sie es gleich am Anfang Ihrer Präsentation an, und machen Sie daraus einen Vorteil: „Herr Müller, bevor wir darüber nachdenken, ob es für Sie sinnvoll ist, daß wir Ihnen mit unserem Produkt zur Verfügung stehen dürfen, möchte ich, daß Sie wissen, daß sich mein Unternehmen in einer sehr vorteilhaften Position befindet. Lassen Sie mich bitte erklären, was ich damit meine. Die meisten meiner Mitbewerber können das Produkt, wenn Sie sich dazu entschließen, sofort liefern. Der Grund hierfür könnte sein, daß die Nachfrage nach deren Produkten nicht allzu groß ist. Mit unserem Angebot verhält es sich wegen der extrem hohen Nachfrage vollkommen anders. Wenn Sie es wahrnehmen wollen, dann muß ich Sie wegen des Liefertermins um ein wenig Geduld bitten."

Sie haben hier aus einem Nachteil einen Vorteil gemacht und gleichzeitig den Kunden entspannt, weil er nämlich denkt: „Gott sei Dank, ich kann es sowieso nicht sofort bekommen, also muß ich heute keine Kaufentscheidung treffen." Gleichzeitig haben Sie einen möglichen Kundeneinwand oder einen Grund zum Nichtkauf eliminiert.

Wann immer Sie einen scheinbaren Nachteil haben, sprechen Sie ihn selbst an, machen Sie daraus einen Vorteil, und gehen Sie sofort zu Ihrer Präsentation über.

Ausreden

Ausreden sind Aussagen von Kunden wie: „In diesem Jahr läßt unsere Finanzplanung den Kauf nicht mehr zu, lassen Sie uns bis nächstes Jahr warten. Wenn die Dinge sich bessern, rufe ich Sie später noch einmal zurück." Diese Kunden wollen sich jetzt nicht entscheiden oder wollen Sie loswerden.

Der Verkaufs-Champion wird diesem Kunden kreative Finanzierungs-vorschläge unterbreiten und ihn dadurch dazu bewegen, schneller und früher zu handeln.

Angriffe

Menschen, die sich in Ihrer unmittelbaren Umgebung befinden, Ihre Mitarbeiter und Kollegen, sind oft neidisch auf Ihren Erfolg. Sie werden versuchen, Ihnen größere Erfolge zu verbauen, weil sie es nicht ertragen können, daß jemand besser ist als sie. Wenn es Sie tröstet: Niemand ist neidisch auf einen Versager, und Mitleid bekommt man geschenkt. Neid muß man sich hart erarbeiten.

Ich habe noch keinen erfolgreichen Menschen auf der Welt kennenge-lernt, der neidisch auf einen anderen Menschen war, ganz im Gegenteil. Erfolgreiche Menschen wollen, daß jeder andere auch erfolgreich ist, und sie sind gern dazu bereit, willigen Menschen auf dem Weg nach oben zu helfen. Ich kenne aber auch keinen erfolgreichen Menschen, dem sein Erfolg nicht geneidet wird. Fassen Sie Angriffe aus dem Kollegenkreis deshalb eher als Kompliment auf.

Abgesagte Termine

Wenn ein Kunde in Terminschwierigkeiten ist, dann ist der Verkäufer der erste, dem er absagt. Deshalb sollten Sie das tun, was jeder Verkaufs-Champion in der Regel macht: Bestätigen Sie den Termin noch einmal rechtzeitig. Selbstverständlich müssen Sie auch hier eine klare Strategie beherzigen. Kommen Sie nicht etwa auf die Idee, den Kunden anzurufen und zu sagen: „Ich rufe Sie an, um nachzufragen, ob es bei dem Termin um 15 Uhr bleibt oder ob sich etwas geändert hat." Sie können nach einer solchen Frage davon ausgehen, daß sich etwas geändert hat. Der Kunde wird den Termin absagen.

Besser ist diese Vorgehensweise: „Guten Tag, Herr Müller. Hier spricht Fred Bauer von der Unternehmensgruppe Champions Unlimited. Ich weiß, daß wir uns um 15 Uhr treffen, und ich habe sehr viel Zeit damit verbracht, um mich auf diesen Termin vorzubereiten, damit ich Sie optimal beraten und zufriedenstellen kann. Sie werden von dem Ergebnis und von dem, was ich für Sie herausgefunden habe, begeistert sein. Ich weiß, daß die Zeit, die Sie mir zur Verfügung stellen, kostbar ist, und werde deshalb pünktlich um 15 Uhr bei Ihnen sein."

Setzen Sie einfach voraus, daß der Kunde den Termin einhalten wird, und gehen Sie mit dieser Einstellung an das entsprechende Bestätigungsgespräch heran.

Wenn Sie merken, daß der Kunde nach einer Möglichkeit sucht, den Termin abzusagen, lassen Sie sich nicht beirren: „Verehrter Herr Müller, ich bin so begeistert von dem, was ich für Sie vorbereitet habe, daß ich mir sicher bin, Sie werden ebenso angetan sein wie ich es bin." Begegnen Sie jedem Zögern sofort mit einer positiven Aktion. Für einen Verkaufs-Champion gibt es keine Ausrede und keinen Grund, den Kunden aus seiner Verpflichtung, einen Termin einzuhalten, zu entlassen.

Die Bestätigung von Terminen ist sehr wichtig, da Sie ja mindestens eine halbe Stunde damit verbringen, sich vorzubereiten und wahrscheinlich auch eine entsprechende Anfahrtszeit haben. Wenn Sie dann von einer Sekretärin darüber informiert werden, daß Ihr Gesprächspartner nicht mehr im Haus ist oder keine Zeit für Sie hat, sind Sie frustriert, deprimiert und wütend. Sie haben das Gefühl, Ihr Tag sei ruiniert, und Sie haben eine gute Ausrede dafür, an diesem Tag gar nichts mehr zu tun, indem Sie sich selbst sagen: „Ich habe mich optimal vorbereitet, bin über zwei Stunden hierher gefahren und alles für nichts. Heute brauche ich nichts mehr zu tun, es klappt ja ohnehin nichts."

Leben im Gleichgewicht

Sehr viele Menschen leben im Ungleichgewicht, und als Konsequenz daraus haben sie Schuldgefühle, Streß und negative Emotionen. Um ein Leben im Gleichgewicht zu leben, müssen Sie folgende Punkte realisieren:

Finanzielle Freiheit und Unabhängigkeit

Geld gibt Ihnen die Möglichkeit, nur das zu tun, was Sie tun möchten. Es ist das einzige Mittel zu wahrer Freiheit und Unabhängigkeit. Zusätzlich verschafft es Ihnen ein enormes Sicherheitsgefühl. Sehr viele Verkäufer verdienen viel mehr Geld als die meisten anderen Menschen in anderen Berufen. Doch sie haben selten gelernt, mit dem Geld effektiv umzugehen und sind deshalb nicht in der Lage, es zu behalten oder ein Vermögen aufzubauen. Denn Geld verdienen ist nicht schwer, es zu erhalten und zu mehren ist die wahre Herausforderung.

Eigentlich ist es ganz einfach: Sie müssen nur immer mehr verdienen, als Sie ausgeben. Doch zuviele Verkäufer geben ihr Geld zu gern aus und halten sich nicht an ein bestimmtes Budget. Viele denken überhaupt nicht darüber nach, daß sie irgendwann einmal Steuern bezahlen müssen, und auch der Gedanke an eine finanzielle Alterssicherung scheint ihnen fremd.

Emotionale Stabilität

Ich wünsche Ihnen, daß Sie die meiste Zeit Ihres Lebens glücklich sind. Sie sollen in der Lage sein, mit Krisen, Schmerz und Zurückweisung umzugehen, weil diese Elemente zwangsläufig zu Ihrem Beruf gehören. Sie sollen lernen, die Angst vor dem Unbekannten oder vor einer Zurückweisung zu überwinden.

Physische Fitneß

Erfolgreich und krank zu sein ist eine schlechte Kombination. Zuviele Menschen kümmern sich nicht um ihre Gesundheit, bis es zu spät ist. Und dann versuchen sie oft erfolglos, die selbst zerstörte Gesundheit wiederzuerlangen. Sie zerstören ihre Gesundheit in der ersten Hälfte ihres Lebens, um ein Vermögen aufzubauen, das sie in der zweiten Hälfte ihres Lebens dafür ausgeben, um ihre Gesundheit wiederherzustellen.

Als Verkaufs-Champion dürfen Sie nicht rauchen und nicht übergewichtig sein. Sie brauchen unbedingt einen Fitneß- und Gesundheitsplan. Ohne bewußte Ernährung und ohne ausreichende Regenerationsphasen werden Sie den körperlichen und seelischen Anforderungen kaum gewachsen sein.

Ganz besonders wichtig für Verkäufer ist eine optimale Ernährung. Viele Verkäufer entwickeln sich zu Frustessern. Sie haben den ganzen Tag über Streß, und wenn sie sich dann zum Essen hinsetzen, sagen sie sich: „Jetzt will ich aber wirklich etwas Freude am Leben haben" und beginnen, sich vollzustopfen. Andere wiederum machen den Fehler, bei Streß noch mehr zu rauchen. Aber Vorsicht, jede Zigarette, die Sie rauchen, nimmt Ihnen 14 Minuten Ihres Lebens! Einige greifen gar zu Alkohol oder Drogen.

Wenn Sie beispielsweise aus Zeitmangel schnell in ein Restaurant laufen oder in einen Schnellimbiß, dort das fettigste Essen bestellen, das Sie bekommen können, es hinunterschlingen, mit einem Bier oder einer Cola nachspülen, einen schweren Nachtisch in sich hineinstopfen und schnell noch eine Zigarette rauchen mit einem Schnäpschen dazu, dann haben Sie alles getan, von dem Sie eigentlich wissen, daß es falsch ist. Das verursacht Schuldgefühle, und die wiederum verusachen extremen Streß. Viele Verkäufer werden täglich fetter und fetter und sagen sich immer: „Ja, ich muß etwas ändern." Aber sie disziplinieren sich nicht dazu, gesund zu leben. Auch das produziert Schuldgefühle und somit extremen Streß.

Sie können, wenn Sie täglich ein wenig Zeit in Ihre Gesundheit investieren, Ihre goldenen Jahre mit Aktivitäten verbringen, die Ihnen Spaß und Freude bereiten.

Spirituelle Erfüllung

Sie müssen einen Weg finden, um geistige und seelische Zufriedenheit zu erreichen. Die Ausschüttung von Streßhormonen führt zu Kampf- oder Fluchtreaktionen. Doch ein Verkäufer kann den Kunden nicht einfach angreifen, und er kann auch nicht davonlaufen. Ich habe bei Verkäufern statt dessen bemerkt, daß sie handlungsunfähig werden! Wenn Sie handlungsunfähig sind, fangen Sie automatisch an zu grübeln, zu zweifeln, und negative Gedanken machen sich breit. Sie werden frustriert und depressiv. Doch all das kann überwunden werden, wenn Sie den richtigen Menschen zuhören.

Ein sehr hilfreicher Weg, Streß zu verarbeiten und loszuwerden ist, daß Sie mit sich selbst laut, begeistert und positiv reden, und ein Spiel aus dem machen, was wir Verkauf nennen. Machen Sie sich beispielsweise einen Zettel, den Sie an den Spiegel im Badezimmer hängen, und sagen Sie den folgenden Satz laut, begeistert und leidenschaftlich, jeden Morgen: „Ich werde erfolgreich sein, und ich werde deshalb erfolgreich sein, weil ich Vertrauen, Leidenschaft und Begeisterung für meinen Beruf habe."

Jedes Wort, das Sie hören, zeichnet in Ihrem Gehirn Bilder, Symbole, Gedankenmuster. Negative Gedankenbilder führen zu negativen emotionalen Bewußtseinszuständen, positive zu positiven emotionalen Bewußtseinszuständen. Wenn ich Ihnen etwas Begeisterndes, Wunderbares, Leidenschaftliches, Enthusiastisches, Ermutigendes sage, ist dies also gutes Saatgut. Wenn man Ihnen etwas Negatives, Destruktives sagt, ist dies negatives Saatgut,. Uund wenn sich negatives Saatgut in Ihrem Gehirn festsetzt, werden Sie handlungsunfähig. Wann immer Ihnen jemand etwas Negatives sagt, halten Sie ihm Ihre geöffnete Hand vors Gesicht, und sagen Sie: „Schlechtes Saatgut, schlechtes Saatgut." Diese Menschen werden in Kürze aus Ihrem Leben treten oder aufhören, ihr negatives Saatgut bei Ihnen zu entladen, und das ist gut so.

Da das Gehirn nicht unterscheiden kann, ob etwas real geschieht oder ob Sie nur daran denken, daß etwas geschieht, stellen Sie sich doch einfach nur vor, Sie würden dem Gegenüber Ihre Hand vors Gesicht halten und sagen: „Schlechtes Saatgut, schlechtes Saatgut." Ihr Gehirn wird durch diese Symbolik die Informationen ausblenden, und somit können diese negativen Aussagen keine negative Wirkung in Ihrem Leben haben.

Wann immer Sie Ihren Verkaufstag beenden, klatschen Sie in die Hände und sagen dabei: „Ich lebe, ich bin hellwach, und ich fühle mich großartig!" Sagen Sie dies leidenschaftlich und begeistert, und beenden Sie jeden Arbeitstag mit positiven Gefühlen. Schon bald entstehen Neuroassoziationen (nervliche Verbindungen zu emotionalen Bewußtseinszuständen), die Ihnen dabei helfen, voller Spaß und Freude ein Leben als Verkaufs-Champion zu gestalten.

Wenn Sie jemand sind, der den Kunden mit seiner guten Laune ansteckt und ihm positive Emotionen vermittelt, wird der Kunde möglichst oft mit Ihnen zusammen sein wollen. Sie schaffen sich somit einen Kundenstamm fürs Leben.

Kapitel 7
Ein erfolgreicher Tag

Einen erfolgreichen Tag konditionieren

Morgen früh, wenn Ihre Chancenuhr klingelt (negative Menschen nennen dieses Ding einen Wecker), wenn also Ihre Uhr der Möglichkeiten morgen früh einen besonders erfolgreichen Tag einläutet, bleiben Sie nicht noch etwas im Bett liegen und reden sich selbst ein, wie müde Sie noch sind und daß Sie am liebsten noch eine Stunde schlafen möchten, sondern springen Sie mit einen lauten „Ja" aus dem Bett, klatschen in beide Hände und sagen: „Es ist ein großartiger Tag, es ist mein Tag."

Danach schleichen Sie nicht langsam ins Badezimmer, sondern richten sich auf, atmen tief und kraftvoll in Ihren ganzen Körper, spannen Ihre Muskulatur leicht an, bringen ein strahlendes, siegreiches Lächeln in Ihr Gesicht und schreiten ins Badezimmer zu Ihrem Spiegel. Dort sagen Sie nicht: „Oh Gott, wie sehe ich denn aus?", sondern Sie lächeln sich an, sehen sich siegesbewußt im Spiegel in die Augen und sagen: „Wow – oh Mann, bin ich gut."

Nachdem Sie das das erste Mal gemacht haben, sind Sie nicht nur für eine Woche das Gesprächsthema Ihrer gesamten Familie, sondern Sie werden feststellen, daß es, obwohl Sie sich extrem dumm dabei vorkommen, es seine Wirkung nicht verfehlt.

1. Sie sind hellwach.
2. Sie haben Ihren Tag positiv begonnen.

Der Verkaufs-Champion hat keine einzige Sekunde seines Tages zu verschenken. Sie dürfen also morgens nicht zwei Stunden damit verschwenden, endlich wach zu werden, so daß Sie mittags dann endlich in der Lage sind, Ihre volle Kapazität zu nutzen.

Sie sollten Ihren Tag so früh wie möglich beginnen, und der Tag soll beginnen, wenn Sie aufstehen und nicht Stunden später. Konditionieren

Sie sich also durch diese Vorgehensweise darauf, morgens sofort aktiv zu sein und das Beste aus jeder einzelnen Sekunde des Tages zu machen.

Der Mensch, der Ihnen am häufigsten zuhört, sind Sie selbst. Ihr Unterbewußtsein hört immer mit, ganz gleich, was Sie denken oder sagen. Aus diesem Grund sollten Sie so schnell wie möglich das Verhaltensmuster des Verkaufs-Champions annehmen und sich selbst positiv konditionieren, indem Sie positive Dinge laut und enthusiastisch sagen, wie zum Beispiel: „Ich werde gewinnen. Ich werde erfolgreich sein. Ich werde erfolgreich sein, weil ich Selbstvertrauen, Mut und Enthusiasmus besitze." Oder:

▶ „Heute werde ich die richtigen Menschen an den richtigen Plätzen zur richtigen Zeit treffen. Das ist für alle Beteiligten vorteilhaft."

▶ „Ich sehe in jeder Herausforderung des Tages Möglichkeiten und Chancen."

▶ „Ich kann mir sehr gut Namen und Gesichter merken."

▶ „Wenn ich einmal etwas falsch mache, lerne ich daraus und konzentriere mich nur auf das, was ich richtig gemacht habe."

▶ „Ich nehme niemals wieder in meinem Leben einen Ratschlag von jemandem an, dem es in diesem Bereich schlechter geht als mir."

▶ „Ich mache mir ausschließlich positive Gedanken."

▶ „Ich bin ein Sieger, ein echter Gewinner, jemand, der anderen viel Gutes tut. Ich bin jemand, der alles erreicht, was er sich vornimmt. Ich glaube an mich selbst."

Oder die perfekte NAPS-Konditionierung:

> Ich werde mich nie wieder mit weniger zufrieden geben als ich sein, besitzen oder erreichen kann, weil ich weiß, daß ich für den Erfolg geboren bin, geschaffen für das Allerbeste, und ich bin bereit, meinen Teil dazu beizutragen, mein volles Potential zu nutzen und alles zu erreichen, was mir zusteht.

Es ist hilfreich, sein eigener Cheerleader zu sein und sich aufzumuntern, wenn es mal hart wird. Wenn Sie ein besonderes Tief haben, gehen Sie einfach in einen Raum, in dem Sie allein sind, atmen Sie tief und kraftvoll in den gesamten Körper, spannen Sie Ihre Muskulatur an, richten Sie sich auf, bringen Sie ein sicheres, strahlendes Lächeln in Ihr Gesicht, klatschen Sie in beide Hände, und sagen Sie sich: „Ich lebe, ich bin vollkommen wach, und ich fühle mich großartig, und ich bin bereit, Großartiges zu leisten."

Für den Verkaufs-Champion ist eine optimale und effektive Ernährung besonders wichtig. Wenn Sie den ganzen Tag über schwer essen und Nahrung zu sich nehmen, die sehr viel Energie verbraucht, um verdaut zu werden, können Sie nicht erwarten, daß Sie beim Kunden 100 Prozent Ihrer Begeisterung, Ihres Enthusiasmus, Ihrer Energie zur Verfügung haben.

Der Verkaufs-Champion ißt morgens zum Frühstück grundsätzlich nur Obst und trinkt frisch gepreßte Obstsäfte. Mittags ißt er Salat oder Gemüse, falls nötig mit etwas gegrilltem Geflügel oder Fisch. Keinesfalls mischt der Verkaufs-Champion Kohlenhydrate und Eiweiße, also Kartoffeln, Reis, Nudeln oder Brot mit Fleisch, Fisch oder Geflügel.

Wenn Sie schwer essen wollen, dann erst nach dem Arbeitstag, wenn Sie nicht mehr 100 Prozent Ihrer Energie benötigen. Drei Stunden vor dem Zubettgehen sollten Sie nichts mehr essen, da sonst Ihr Körper die ganze Nacht über mit der Verdauung und nicht mit Regeneration beschäftigt ist.

Jeder erfolgreiche Verkaufs-Champion oder Managementprofi ist sich heute über den Stellenwert seiner Gesundheit hundertprozentig bewußt. Kein Sieger, ganz gleich auf welchem Gebiet, ist noch bereit, leichtfertig und unnötig seine Gesundheit aufs Spiel zu setzen. Alle erfolgreichen Manager und Verkaufsprofis kennen ihre Blutfettwerte genauso wie ihren Cholesterinspiegel, sind selbstverständlich Nichtraucher und konsumieren Alkohol wirklich nur in Ausnahmefällen. Sie betreiben ein effektives Fitneß- und Sportprogramm und wissen, daß 70 Prozent des Erfolgs eines Verkäufers oder Managers von der Harmonie mit seiner Lebenspartnerin und seinen Kindern abhängt.

Niemand kann beruflich auf Dauer erfolgreich sein, wenn er nicht den Rückhalt, die Unterstützung, die Freundschaft und die Liebe seiner Familie hat. Der Erfolgsmensch von heute ist gesundheits- und familienbewußt, und er weiß, daß er seinen Erfolg im wesentlichen den Menschen zu verdanken hat, mit denen er sich täglich umgibt.

Als Verkaufs-Champion müssen Sie die Courage besitzen, wieder und wieder denselben Kunden anzusprechen, ein „Nein" nur als Leitersprosse für ein „Ja" anzusehen. Sie brauchen die Fähigkeit, Ihr Leben mit Begeisterung zu leben und vor allen Dingen Spaß am Leben zu haben. Ihre Einstellung überträgt sich auf Ihr Verhalten, auf Ihre Ausstrahlung, auf Ihre Umwelt und ist maßgeblich für Ihren Erfolg verantwortlich. Sie müssen zu den Menschen gehören, mit denen andere Menschen gern zusammen sind. Sie müssen zu den Menschen zählen, über die andere Menschen sich freuen, wenn sie ihnen begegnen.

> Es gibt Menschen, die können einen ganzen Raum dadurch erleuchten, daß sie ihn verlassen! Sie müssen zu den Menschen gehören, die einen ganzen Raum mit Freude, Harmonie und positiver Lebenseinstellung erfüllen, wenn sie ihn betreten.

Je mehr Menschen gern mit Ihnen zusammen sind, desto häufiger wollen sie Ihre Gesellschaft und um so öfter haben Sie die Chance zu verkaufen und damit das Leben Ihres Gegenübers zu bereichern, zu erleichtern oder sicherer zu gestalten.

Lassen Sie negatives Denken erst gar nicht zu. Wann immer negative Gedankengänge auftauchen, klatschen Sie in die Hände, und sagen Sie: „Ja, ich lebe!" Oder „Ich liebe mein Leben!" Denken Sie negative Gedanken einfach nicht zu Ende. Ihr Gehirn kann keine halben Informationen speichern. Deshalb werden Sätze und negative Aussagen nicht gespeichert und nicht konditioniert, wenn Sie diese Sätze im Ansatz oder in der Mitte unterbrechen und nicht zu Ende denken oder sprechen.

Die Sprache des Gehirns (des Unterbewußtseins) ist das Symbol, und wenn Sie in Ihr Gehirn eine Verhaltensweise einprogrammieren wollen, tun Sie dies am effektivsten mit starken positiven Emotionen, denn Gefühle sind der Effektivitätsmultiplikator für Konditionierungen.

Legen Sie beispielsweise ein Blatt Papier auf den Fußboden, stellen Sie sich davor, lassen Sie den Körper etwas hängen und erschlaffen, zählen Sie dann bis drei, klatschen Sie kraftvoll mit einem lauten „Ja" in die Hände und schreiten Sie siegessicher über das Blatt Papier und geben Sie sich selbst damit das Zeichen: Ich steige jetzt ein, in den Verkaufs-Champion in mir und kein negativer Mensch, keine negative Aussage, kein negatives Geschehen kann mich mehr erreichen oder verletzen.

Seien Sie vorbereitet

Darf ich Sie noch einmal bitten, Ihren Bleistift zur Hand zu nehmen: Listen Sie bitte einmal alles auf, was Ihnen im Laufe des Tages widerfahren könnte und wie Sie üblicherweise darauf reagieren würden. Danach schreiben Sie auf, wie Sie in der effektivsten und besten Form auf jedes Geschehnis reagieren sollten. Programmieren Sie das Verhalten in Ihrem Unterbewußtsein, so daß Sie nicht unnötig von Herausforderungen überrascht werden. So vermeiden Sie, daß Sie dann nicht in der Lage sind, effektiv darauf zu reagieren.

Was mir passieren könnte:

_____

_____

_____

_____

_____

Wie ich normalerweise reagiere:

_____

_____

_____

_____

_____

Wie ich idealerweise reagieren sollte:

_____

_____

_____

_____

_____

_____

_____

_____

Die beste Hilfe gegen Streß, Frustration und Angst ist ein stabiles, gesundes Selbstwertgefühl und Selbstvertrauen, das Sie, auch mit der Hilfe dieses Buches, entwickeln sollen. Wenn Sie einen besonders schweren Tag vor sich haben, konzentrieren Sie sich auf das, was Sie bisher richtig gemacht haben, und auf Ihre bisherigen Erfolge. Lassen Sie sich erst gar nicht in ein endloses Tief hinabziehen, und versuchen Sie, schnellstmöglich wieder energievoll als Champion handeln zu können. Der Erfolg des Verkaufs-Champions hängt von einer simplen Regel ab: vorausplanen, üben, praktizieren, wiederholen, perfektionieren und gute Leistung erbringen.

Was du heute kannst besorgen ...

Verlierer, Versager und mittelmäßige Menschen haben die Tendenz, alles später zu tun, alles auf morgen zu verschieben: „Ich habe ja noch soviel Zeit. Es ist nicht der richtige Zeitpunkt, nicht der richtige Ort ...“ Verlierer suchen immer nach einer Möglichkeit, nicht handeln oder etwas nicht beenden zu müssen. Der Sieger hingegen weiß, daß er jede Aufgabe, die sich ihm stellt, schnellstmöglich erledigen muß, und handelt dementsprechend.

Das, was erfolgreiche Menschen von erfolglosen Menschen trennt, ist nur eine Kleinigkeit, nämlich, daß erfolgreiche Menschen bereit sind, das zu tun, was erfolglose Menschen nicht zu tun bereit sind.

Ein Rennpferd, das 100 000 Mark gewinnt, ist nicht zehnmal schneller als das Rennpferd, das als zweites ins Ziel kommt und nur 10 000 Mark gewinnt. Oft ist es nur eine Nasenlänge, die im Endergebnis einen großen Unterschied ausmacht. Es ist die Nasenlänge, die Sie schneller, besser, effektiver, freundlicher, höflicher, konsequenter sein müssen, die Extra-Meile, die Sie gehen müssen, die Sie nicht nur zu einem besonderen Menschen, sondern auch zu einem besonders erfolgreichen Verkäufer macht.

Wann immer Sie Aufgaben, die Sie zu erledigen haben, auf später verschieben, bauen Sie Streßreize auf. Selbstverständlich wissen Sie unterschwellig, daß Sie die Aufgaben noch zu erledigen haben und daß es nicht richtig ist, sie vor sich herzuschieben und zuzusehen, wie der Berg der Aufgaben sich immer höher auftürmt und solange anwächst, bis er schon fast nicht mehr zu bewältigen ist. Sie vermeiden Streß oder bauen ihn ab, wenn Sie die Aufgaben, die Sie zu bewältigen haben, immer sofort dann erledigen, wenn sie sich Ihnen stellen.

Ein wesentlicher Nebeneffekt wird dadurch erzielt, daß Sie durch ständiges Handeln ständige Erfolgserlebnisse produzieren. Und jedes einzelne, auch noch so kleine Erfolgserlebnis trägt dazu bei, Ihr Selbstwertgefühl und Selbstvertrauen zu steigern und zu stabilisieren. Sie werden dadurch effektiver, sicherer, konsequenter und zwangsläufig auch erfolgreicher.

Jeder Verkaufs-Champion hat in seinem Berufsalltag einmal einen Tag, an dem er alle Nachrichten verbrennen möchte, niemanden zurückrufen will, sich ins Auto setzen, an seinem Büro vorbei und hinein in den Sonnenuntergang fahren möchte, an dem er nicht mehr zurückkehren, niemanden mehr sprechen und einfach verschwinden möchte. Dies ist vollkommen normal und nichts weiter als eine Ansammlung von Streßreizen, Negativerlebnissen und unangenehmen Gefühlen. Und an solchen Tagen ist es besonders wichtig, daß Sie sich Ihre langfristigen Ziele vor Augen halten, daß Sie sich die Erfolge bewußt machen, die Sie bereits erzielt haben. Vor allen Dingen sollten Sie dann denken, mit welchen Wünschen, Träumen, Visionen, Zielen und Motiven Sie ursprünglich Ihren großartigen Beruf, den Beruf des Verkaufs-Champions gewählt haben. Machen Sie sich bewußt, daß Sie selbst die Entscheidung getroffen haben, diesen Berufsweg zu gehen, und daß es der schönste und beste Beruf ist, den es für Sie gibt. Sie haben einen Beruf gewählt, der Ihnen die Möglichkeit gibt, frei, flexibel, kreativ und selbständig tätig sein zu können, so, wie es Ihren wahren Talenten, Fähigkeiten und Möglichkeiten entspricht.

Wenn ich einmal die Ehre habe, Sie persönlich bei einem meiner Verkaufsseminare und Workshops begrüßen zu dürfen, sprechen Sie mich darauf an, Ihnen von „meinem Tag" zu berichten, dem Tag, an dem ich nie wieder in meinem Leben an irgend jemanden irgend etwas verkaufen wollte. Sie werden dann nicht nur herzhaft lachen, sondern sehen, daß wir alle solche Tage haben und daß wir einfach nur lernen müssen, damit umzugehen.

Kapitel 8
Ihr Freund, das Telefon

Der optimale Einsatz des Telefons

In einer vollkommen veränderten Welt des Verkaufs benötigen wir als Verkaufs-Champions ein neues Bewußtsein und ein anderes Verständnis für den Einsatz und den Gebrauch des Telefons. Das Telefon ist eines der wichtigsten Werkzeuge im Bereich des Verkaufs, und dessen optimale Nutzung ist eine selbstverständliche Voraussetzung, um ein Verkaufs-Champion zu werden.

In einer Studie der NAPS Research International haben wir bei der Befragung von insgesamt 316 Verkaufsbüros aus verschiedenen Bereichen feststellen müssen, daß sich eine große Anzahl von Verkäufern am Telefon unglaublich unfreundlich und nicht gerade hilfsbereit zeigt. Ja, diese Verkäufer geben dem Kunden sogar das Gefühl, daß sie ihm einen Gefallen tun, wenn sie sich die Zeit nehmen und am Telefon mit ihm sprechen.

Jeder Verkaufs-Champion hat die Verpflichtung, alles Erforderliche dafür zu tun, für das Unternehmen, für das er tätig ist, einen möglichst hohen Umsatz zu erzielen. Ihr Unternehmen ermöglicht Ihnen, Ihr tägliches Brot zu verdienen, und Sie sind dazu verpflichtet, alles dafür zu tun, den höchstmöglichen Profit für Ihr Unternehmen zu erwirtschaften.

Wenn die Gesellschaft, für die Sie tätig sind, Geld investiert, um Werbung zu treiben, damit Ihr Telefon klingelt, ein Mailing aussendet oder einen Katalog erstellt, ist es selbstverständlich, daß Sie den Hörer abnehmen und den Kontakt optimal nutzen. Der Verkaufs-Champion hat immer im Hinterkopf: „Mein Telefon ist in erster Linie dazu da, um Termine mit Kunden zu machen."

Bringen Sie sich vor jedem Telefongespräch in eine positive mentale Verfassung, und sagen Sie sich: „Durch meine Kommunikationsfähigkeit und die exzellente Betreuung meiner Kunden am Telefon kann ich täglich mehr Präsentationstermine vereinbaren." Wenn ein Kunde Sie anruft, dann in der Regel, um Informationen zu erhalten, nicht um selbst welche zu geben. Im Grunde wollen die Kunden nur Informationen haben, um sie mit anderen Angeboten vergleichen zu können, damit sie eventuell ein paar Pfennige sparen können.

Als Verkaufs-Champion werden Sie das Interesse des Kunden nutzen, um einen Beratungstermin mit ihm zu vereinbaren. Wegen ein paar Pfennigen Ersparnis soll er nicht bei einer anderen Firma ein Produkt erwerben, das nicht voll und ganz seinen Bedürfnissen entspricht. Wenn der Kunde einen Fehlkauf tätigt und zuvor mit Ihnen telefoniert hat, haben Sie die Schuld an der Fehlentscheidung des Kunden, weil Sie nicht in der Lage waren, einen persönlichen Termin mit ihm zu vereinbaren.

Der häufigste Fehler, den Verkäufer beim Telefonkontakt mit Kunden machen, ist der, daß sie bereits am Telefon zuviele Informationen preisgeben. Oder sie versuchen, den Neukunden, den sie nicht kennen, den sie nicht qualifiziert und nicht genügend befragt haben, bereits am Telefon zu einem Kauf zu bewegen. Dieses Verhalten entfacht und schürt Ängste beim Kunden.

Allerdings gibt es auch Kunden, die Ihnen bereitwillig Informationen geben, immer nett, freundlich, zuvorkommend sind und zu allem „Ja" sagen. Diese Kunden sind in der Regel Kunden ohne Geld oder ohne die Kompetenz, eine Kaufentscheidung zu treffen. Die Kunden, mit denen der Umgang am schwierigsten ist, sind meist diejenigen, die die Kompetenz und das Geld haben, eine Entscheidung treffen zu können.

Bei Ihren Telefonaten sollten Sie grundsätzlich den Namen des Kunden erfragen und aufschreiben. Oft ruft Sie ein Kunde an und sagt einfach: „Ich habe Ihre Anzeige gelesen und möchte gern dieses und jenes wissen." Dann sagen Sie freundlich: „Oh ja, und sicherlich möchten Sie auch wissen, mit wem Sie telefonieren. Mein Name ist Fred Bauer. Und darf ich bitte erfahren, mit wem ich spreche?" Nachdem der Kunde seinen Namen genannt hat, sagen Sie: „Ja, Herr Müller, womit kann ich Ihnen dienen?"

Nachdem Sie den Namen des Anrufers kennen, wollen Sie selbstverständlich einen Termin ausmachen. So sagen Sie also beispielsweise: „Verehrter Herr Müller, ich möchte Ihnen diese Frage gern so effizient wie möglich beantworten. Dies läßt sich jedoch am Telefon nur schwer realisieren. Ich bin gern bereit, Ihnen den Sachverhalt in einem persönlichen Gespräch genau darzustellen. Ich hätte am Montag oder am Mittwoch Zeit für Sie. Welcher Tag paßt Ihnen besser?"

Außerdem benötigen Sie die Telefonnummer des Kunden für Rückfragen, Terminbestätigung und ähnliches. Grundsätzlich sollten sie kein Telefongespräch mit einem Kunden oder Interessenten beenden, ohne seinen Namen und seine Telefonnummer notiert zu haben. Selbst wenn der Kunde mit Ihnen diesmal keinen Termin vereinbart, diesmal nicht kauft, bleiben Sie mit ihm durch die Telefonnummer in regelmäßigem Kontakt, und Sie werden erstaunt darüber sein, wie viele dieser Kunden bei Ihnen später kaufen.

Oberste Priorität für effektives Telefonieren ist, daß Sie all Ihre Anzeigen, Broschüren und Werbeunterlagen in- und auswendig kennen. Wenn ein Kunde anruft und Sie um Rat oder Auskunft bittet, wissen Sie sofort, worüber er redet und treten sofort als Experte auf.

Halten Sie neben dem Telefon grundsätzlich Papier, Stift und einen Reservestift bereit. Verlassen Sie sich nicht auf Ihr Erinnerungsvermögen. Neben Name und Telefonnummer des Kunden notieren Sie auch den Grund seines Anrufs und alle Besonderheiten, die Sie schon beim ersten Gespräch in Erfahrung bringen konnten. Wenn Sie später mit dem Kunden in persönlichen Kontakt treten, dann wissen Sie sofort, mit wem Sie es zu tun haben, wofür er sich interessiert. Außerdem geben Sie ihm das Gefühl, daß er Ihnen wichtig ist, daß Sie sich für seine Bedürfnisse interessieren. Damit haben Sie sich bereits 50 Prozent Wahrscheinlichkeit für einen Verkaufsabschluß gesichert.

Vergessen Sie Ihre eigenen Probleme. Der Kunde ist nur an sich selbst und seinem Vorteil interessiert und nicht an Ihren Problemen oder Schwierigkeiten. Der Kunde will nicht in eine negative Verfassung oder schlechte Laune gebracht werden, weil Sie ihm darüber berichten, was Ihnen an diesem Tag alles Negatives passiert ist. Lassen Sie Ihre Probleme grundsätzlich außen vor, belästigen Sie den Kunden keinesfalls mit Ihren eigenen Schwierigkeiten. Der Kunde erzählt Ihnen vielleicht von seinem Hund, seiner Katze, seinem Pferd, seinen Kindern oder seiner Familie. Er ist aber nicht daran interessiert, daß Sie ihm etwas Privates erzählen.

Seien Sie mental darauf eingestellt, erfolgreich zu sein. Stellen Sie sich darauf ein, jeden Anruf, den Sie erhalten, in einen Termin, in eine Präsentation und einen optimalen Verkaufsabschluß zu verwandeln.

Gehen Sie im Geiste davon aus, daß jeder Kunde am Ende kaufen wird, auch wenn dies nicht der Fall ist. Denn nur so geben Sie jedes Mal 100 Prozent Ihrer Einsatzbereitschaft.

Selbst wenn ein Kunde nicht kauft, haben Sie immer noch die Möglichkeit, von ihm qualifizierte Referenzadressen zu erhalten.

Der Sieger am Telefon

Mit Ihrer Telefonstimme bauen Sie bei dem Kunden, der Sie nicht kennt, ein bestimmtes Image auf, und aus Ihrer Stimme formt sich der Gesprächspartner ein Bild von Ihrer Person. Deshalb ist es so wichtig, daß Sie beim Telefonieren grundsätzlich aufrecht und gerade sitzen oder stehen, ein freundliches Lächeln im Gesicht haben und mit einer positiven Lebenseinstellung mit dem Kunden sprechen. Lassen Sie den Kunden hören, daß Sie gerne telefonieren und froh sind, daß er Interesse an Ihrem Angebot hat. Sie können davon ausgehen, daß der Kunde am anderen Ende der Leitung es spürt, daß Sie freundlich lächeln und eine positive Lebenseinstellung haben.

Sie alle haben schon mit Menschen telefoniert, die so gesprochen haben, daß Sie am liebsten gleich wieder aufgelegt hätten. Sie schaffen im Bewußtsein des Interessenten genau das Gegenteil. Sie geben ihm das Gefühl, daß Sie sich freuen, wenn er anruft, daß Sie froh sind, mit ihm sprechen zu dürfen und daß Sie gern dazu bereit sind, ihm bei einer Problemlösung zu helfen. Bedenken Sie immer, daß der Kunde nicht auf Sie angewiesen ist, sondern daß Sie auf den Kunden angewiesen sind.

Freuen Sie sich, wenn ein Kunde Interesse bekundet, wenn er Sie anruft, wieder nachfragt, noch einen Einwand hat. Grundsätzlich ist ein Einwand immer ein Kaufinteresse. Ein Kunde ohne Interesse hat auch keine Einwände. Hier ein Beispiel:

> *Das Telefon klingelt, Sie nehmen den Hörer ab, sagen mit aufrechter Körperhaltung und einer angenehm klaren, gut verständlichen Stimme: „Einen wunderschönen guten Tag, recht herzlichen Dank dafür, daß Sie die Firma xy anrufen, womit kann ich Ihnen helfen?" – „Ich rufe wegen Ihrer neuen elektronischen Schreibmaschine an."*

Vollkommen unabhängig davon, ob Sie das Produkt in- und auswendig kennen oder nicht, antworten Sie als Verkaufs-Champion: „Jawohl, das ist eines unserer besten Produkte. Erlauben Sie mir bitte, Sie für ganz kurze Zeit warten zu lassen, damit ich schnell die Verfügbarkeit des Produkts überprüfen kann. Und was mir gerade einfällt, haben Sie Papier und Stift bereit, um sich die für Sie wichtigen Informationen zu notieren? O. k., ich bin sofort wieder bei Ihnen."

Den Kunden in die Warteposition zu bringen eröffnet Ihnen die Möglichkeit, sich mental auf das Kundengespräch einzustellen und Ihre Gedanken von allem Störenden zu befreien. Sie haben dadurch Gelegenheit, sich alle notwendigen Informationen über das entsprechende Produkt zu verschaffen. In dem Augenblick, wenn Sie den Kunden warten lassen, übernehmen Sie die Kontrolle. Keinesfalls sollten Sie den Kunden länger als 17 Sekunden warten lassen, ohne ihm eine weitere Information zu geben. Wenn der Kunde länger warten muß, ist er nicht nur irritiert, sondern wird eventuell sogar böse oder gar wütend. Deshalb kommen Sie vor Ablauf der 17 Sekunden grundsätzlich zum Kunden zurück, auch wenn Sie die vollständigen Informationen noch nicht haben. Sagen Sie dem Kunden, Sie arbeiten daran und melden sich sofort wieder.

Nachdem der Kunde nun 15, 16 Sekunden lang gewartet hat und Sie sich nun wieder bei ihm melden, beginnen Sie das Gespräch wie folgt: „Herzlichen Dank dafür, daß Sie gewartet haben, mein Name ist ... Darf ich fragen, mit wem ich spreche?" Nachdem der Kunde Ihnen seinen Namen genannt hat, schreiben Sie ihn unbedingt auf. Dann benutzen Sie sofort den Namen des Kunden und sagen: „Ja, Herr Müller, was interessiert Sie an unserer Anzeige besonders?"

Vergessen Sie nie, daß Sie ständig im Kopf haben müssen, auf eine persönliche Präsentation hinzuarbeiten. Häufig nämlich möchte der Kunde einfach nur den Preis für ein Produkt erfahren. Diesen zu nennen, sollten Sie möglichst vermeiden, weil der Kunde danach sehr häufig das Gespräch beendet.

So könnte die Antwort des Verkaufs-Champions auf die Frage nach dem Preis lauten: „Unser Preisangebot ist flexibel und hängt von den verschiedenen Optionen ab, die der Kunde wählt. Zudem bieten wir unterschiedliche Formen der Finanzierung an, die ebenfalls einen Einfluß auf die endgültige Preisgestaltung haben. Unsere Erfahrung hat uns gelehrt, daß wir unseren Kunden am besten helfen können, wenn wir ihre Bedürfnisse und Probleme zuvor genau analysieren. Ich stehe Ihnen dafür heute gern zur Verfügung, oder paßt Ihnen

Montag besser?" Wenn der Kunde immer noch sagt „Ich will einfach nur den Preis wissen", dann sagen Sie: „Wir haben herausgefunden, daß es notwendig ist, Genaueres zu erfahren, um einem Kunden den besten Preis zu nennen. Ist es Ihnen möglich, heute bei uns im Büro vorbeizukommen, oder paßt es Ihnen morgen besser?"

Um bei einem Kunden einen Termin zu erhalten, hat sich die Formulierung „Kann ich bei Ihnen heute nachmittag einmal kurz hineinschauen, um mich persönlich vorzustellen, oder paßt es Ihnen morgen besser?" oder „Ich möchte Sie einmal kurz besuchen" sehr bewährt. Wenn Sie dem Kunden das Gefühl geben, daß Sie seine Zeit nur kurz in Anspruch nehmen, „nur kurz hineinschauen" oder „Sie besuchen" oder sich „kurz vorstellen" wollen, so haben Sie eine weit bessere Chance, einen Termin zu erhalten, als wenn Sie mit dem Kunden „einen Termin" vereinbaren möchten. Termin klingt nach Gerichtstermin, nach Zeitdruck, ist also eher negativ.

Und wenn der Kunde weiterhin auf dem Preis besteht: „Ich will nichts weiter als den Preis!", antwortet der Verkaufs-Champion: „Unsere Geschäftsleitung hat uns angewiesen, den Preis grundsätzlich nicht am Telefon zu nennen, weil viele unserer Mitbewerber einfach nur anrufen, um unseren Preis zu erfahren. Aus diesem Grund ziehen wir es vor, unsere besten Angebote und Finanzierungsmöglichkeiten unseren Kunden nur persönlich zu offerieren. Ich könnte kurz bei Ihnen vorbeischauen, mich persönlich vorstellen und Ihnen die notwendigen Informationen zur Verfügung stellen. Paßt es Ihnen heute nachmittag oder morgen vormittag besser?"

Profis am Telefon – der Telefonverkauf

Büro-, Werbe- und Telefonkosten sind mittlerweile so hoch, daß wir jeden Versuch, einen Verkauf erfolgreich abzuschließen, so effektiv wie nur irgend möglich gestalten müssen. Das bedeutet, daß jedes Telefonat eine erhebliche zeitliche und finanzielle Investition darstellt, die sich lohnen muß.

Deshalb müssen Sie mit den Personen, mit denen Sie in der Regel zuerst zu tun haben, besonders effektiv umgehen, nämlich mit den Sekretärinnen, Telefonistinnen, Vorzimmerdamen. Wenn Sie im Telefonverkauf tätig sind und direkt beim Kunden anrufen, ist es Ihre Aufgabe, für den Kunden am Telefon ein Bild, einen Traum zu schaffen und ihm aufzuzeigen, wie großartig eine Veränderung für ihn sein kann oder welche vorteilhaften Möglichkeiten durch die Annahme Ihres Angebotes für ihn entstehen können. Als Telefonverkäufer sind Sie in der Regel jemand, der Träume und Bilder im Bewußtsein des anderen erschaffen muß, um erfolgreich abschließen zu können.

Um im Telefonverkauf möglichst effektiv tätig sein zu können, sollten Sie sich zunächst klar darüber werden, wieviel Sie im Jahr, im Monat, in der Woche, am Tag verdienen müssen, um Ihre finanziellen Ziele zu erreichen. Danach errechnen Sie, wie viele Telefonate Sie führen müssen, um einen Verkauf abzuschließen, und danach, wie viele Telefonate Sie täglich führen müssen, um Ihr finanzielles Tagesziel zu erreichen.

Verkauf ist nichts weiter als ein Zahlenspiel: Wenn Sie beispielsweise 20 Kunden kontaktieren müssen, um einen Abschluß zu tätigen, und Sie brauchen fünf Abschlüsse pro Tag, um Ihr finanzielles Ziel zu erreichen, müssen Sie täglich mit 100 Kunden telefonieren. Andernfalls sind Versagen, Frustration und Depression vorprogrammiert.

Ein Verkaufs-Champion überläßt nichts dem Zufall und kennt seine Statistiken und persönlichen Zahlen ganz genau. Er weiß genau, wie viele Kontakte er haben muß, um eine Präsentation durchführen zu können, und wie viele Präsentationen er machen muß, um einen Verkauf abzuschließen. Daraus kann er seinen Tagesplan ableiten.

Viele Verkäufer haben keinen Erfolg, weil sie nicht gern telefonieren oder das Telefon sogar hassen. Glauben Sie mir, das Telefon ist für den Verkaufs-Champion ein so wichtiges Hilfsmittel, daß er nicht nur keine Angst vor dem Telefon haben darf, es muß sogar zu seiner Lieblingsbeschäftigung werden, Kunden anzurufen.

Hierzu ein NAPS-technischer Hinweis: Setzen Sie sich aufrecht und gerade vor Ihr Telefon, lächeln Sie über das gesamte Gesicht, klatschen Sie drei-, viermal kraftvoll in die Hände, spannen Sie alle Muskeln angenehm an, atmen Sie tief in den Bauch, und weiten Sie Ihren Brustkorb, bringen Sie sich selbst in die Verfassung eines Siegers. Dann stellen Sie sich vor, wie Sie den Telefonhörer abnehmen, mit einer extrem freundlichen und angenehmen Stimme und einer positiven Lebenseinstellung sagen: „Einen wunderschönen guten Tag, mein Name ist ... Ich bin bei der Firma xy und möchte Sie über Ihre neuesten

Möglichkeiten informieren, mehr Lebensqualität und Sicherheit in Ihr Leben zu bringen." (Je nachdem, in welcher Branche Sie tätig sind.)

Um mit dem Telefonieren angenehme Gefühle zu verbinden, denken Sie vor jedem Telefonat an ein besonders erfolgreiches Telefonat in der Vergangenheit, ganz gleich, ob privat oder geschäftlich. Verbinden Sie diese positiven Gefühle mit dem Telefon. Sie können auch Ihre Lieblingsmusik im Hintergrund laufen lassen, die Ihnen gute Laune bereitet und Sie in eine positive emotionale Verfassung bringt.

Besonders wichtig ist es, daß Sie bei einem „Nein", bei einer Zurückweisung, einer negativen Aussage des Kunden nicht den Brustkorb einziehen, nicht die physiologische Verfassung verändern, sich hängen lassen, den Rücken krümmen, den Kopf einziehen oder anfangen, nur noch hoch oben in der Brust zu atmen. Denn dadurch geben Sie Ihrem Gehirn die Stimulation „aufgeben, versagen, weglaufen", und sofort wird Ihr Gehirn mit negativen Gefühlen wie Unsicherheit, mangelndem Selbstbewußtsein oder Streßreaktionen reagieren.

Solange Sie Ihre Physiologie, also Ihren Körper, Ihre Atmung, Ihre Stimme, Ihre Muskelanspannung, Ihre Körperhaltung positiv und siegreich einsetzen, geben Sie Ihrem Gehirn die Signale: „Ich bin erfolgreich, ich bin stark, ich bin selbstbewußt". Ihr Gehirn wird durch diese nervale Stimulation die entsprechenden Hormone wie Norephedrine, Dopamin, Serotonin ausschütten und Sie dadurch in eine starke, selbstbewußte und positive Verfassung bringen.

Die gefühlsmäßige Verfassung, in der Sie sich zu einem bestimmten Zeitpunkt befinden, bestimmt zwangsläufig, wie Sie in dieser Lebenssituation reagieren. Sie verhalten sich also vollkommen anders, wenn Sie begeistert, leidenschaftlich und fröhlich sind, als wenn Sie sich frustriert, depressiv und ausgelaugt fühlen. Ein Gefühl jedoch ist nicht nur ein rein energetisches Element, sondern ist physisch, rein körperlich vorhanden und läßt sich durch das Vorhandensein ganz bestimmter Hormone und durch den Ablauf bestimmter neurochemischer und bioelektrischer Prozesse im Organismus und Gehirn eindeutig bestimmen. Bringen Sie sich also immer in eine positive Verfassung, bevor Sie telefonieren, und bleiben Sie in dieser, ganz gleich, was geschieht.

Besondere Herausforderungen stellen sich dem Verkäufer, der von zu Hause aus arbeitet und von zu Hause aus telefoniert. Hier sind es häufig zu viele Störungen und negative Auslöser, die ihn ablenken oder negativ einstimmen. Deshalb behandelt der Verkaufs-Champion seinen Arbeits-platz, auch wenn er sich in seinem Privathaus befindet, wie ein externes Büro und richtet es entsprechend ein. Auch wenn Sie von Ihrem häuslichen Büro aus telefonieren, sollten Sie korrekt gekleidet sein. Ihre Kleidung hat massiven Einfluß auf Ihr Empfinden und Ihr Verhalten. Bei Frauen spielen auch Frisur und Make-up eine wesentliche Rolle. Sie verhalten sich beispielsweise vor und nach dem Besuch beim Friseur völlig verschieden.

Immer mehr Verkaufs-Champions haben den Schritt in die Selbständig-keit gewagt und arbeiten vom häuslichen Büro aus als selbständige Handelsvertreter. Gerade das häusliche Büro wirft einige Probleme auf, die die professionelle Berufsausübung beeinträchtigen können. Deshalb ist es wichtig, für diese Situation das richtige Konzept zu finden. Bei einigen Verkaufsprofis, die ich in einem persönlichen Coaching betreut habe, wurde dieses Konzept so weit ausgebaut, daß der Verkaufs-Cham-pion morgens zu einer festen Zeit aufsteht, seine Morgentoilette macht, sich ankleidet, sich ins Auto setzt, sein Auto anläßt, einen Meter vor und einen Meter zurück fährt und wieder zurückgeht an seinen Arbeits-platz im Haus. Nur so bereitet er sich mental darauf vor, ausschließlich beruflich zu denken und zu handeln. Er setzt auch ein physisches Signal, um aus der privaten Rolle auszusteigen und einzusteigen in die Rolle des Verkaufs-Champions.

Weil das Gehirn mit Bildern und Symbolen arbeitet, ist es erheblich leichter, sich durch Symbole und Rituale, wie ich sie oben beschrieben habe, in eine professionelle emotionale Verfassung zu bringen.

Walk your Talk

Sieben Prozent der Kommunikation finden durch Worte statt, 38 Prozent werden durch die Ausdruckskraft der Stimme vermittelt, und 55 Prozent der Kommunikation finden nonverbal, also durch Körper-haltung, Gestik oder Mimik statt.

Nur wenn Sie zu dem stehen, was Sie tun, was Sie sagen, was Sie verkaufen, können Sie effektiv kommunizieren. Wenn Sie Selbstzweifel haben oder bestimmte Verhaltensmuster annehmen, die nicht Ihrer wahren Persönlichkeit entsprechen, wirken Sie zwangsläufig künstlich, und Ihre Kommunikation erreicht nicht die optimale Wirkung. Im

Extremfall erkennt der Kunde an Ihrer Körpersprache, daß Sie nicht voll und ganz hinter dem stehen, was Sie sagen. Ein sofortiger Vertrauensverlust ist die katastrophale Folge.

Im Englischen sagen wir: Walk your Talk. Tue das, was du sagt, stehe zu dem, was du sagst, stehe zu dir selbst, stehe zu deinem Produkt, zu dem was du verkaufst, und du bist zwangsläufig erfolgreich.

Eine hohe Hürde – nicht für Champions

Der Umgang mit Sekretärinnen oder Rezeptionsdamen ist ein besonders heikles Thema. Zu oft habe ich es in Feldversuchen erlebt, daß Verkäufer glauben, sie könnten Sekretärinnen oder Vorzimmerdamen einfach umgehen oder übergehen.

Vergessen Sie nicht, daß diese Personen häufig die Menschen sind, die die meiste Zeit mit dem Manager, der Managerin oder dem Entscheidungsträger verbringen und zwangsläufig massiven Einfluß auf die Person haben, die Sie als Verkaufs-Champion sprechen möchten. Die „rechten Hände" dieser Entscheidungsträger wissen natürlich sehr genau, wie belastet ihr Chef ist, wie wenig Zeit er hat und wollen ihm möglichst viel „vom Hals halten", damit er seine wertvolle Zeit für die wesentlichen Dinge verwenden kann. Sie verteidigen und schützen ihn mit allem, was ihnen zur Verfügung steht. Oft ist es leichter, mit dem Entscheidungsträger selbst zu sprechen, als überhaupt bis zu ihm vorzudringen.

Allerdings gibt es keinen besseren Verbündeten als die Sekretärin des Chefs oder der Chefin, denn diese kann es möglich machen, daß Sie einen Termin erhalten, obwohl eigentlich kein Freiraum vorhanden ist. Zeigen Sie also echtes, ernsthaftes Interesse an Ihrem Gesprächspartner im Vorzimmer, und bauen Sie schnellstmöglich ein freundschaftliches Verhältnis zu dieser Person auf. Sie sind im wahrsten Sinne des Wortes Schlüsselpersonen für Ihren Erfolg.

Es gibt es sehr viele Sekretärinnen, die es gewohnt sind, Befehle zu empfangen und deshalb besser darauf reagieren, wenn man ihnen konkret sagt, was man von ihnen erwartet, als sie um etwas zu bitten. Also beispielsweise: „Stellen Sie mich bitte zu Ihrem verantwortlichen Marketing-Manager durch" anstatt „Würden Sie mich bitte mit dem verantwortlichen Marketing-Manager verbinden?" Hier ein Beispiel für ein Telefonat, das zunächst in einem Vorzimmer ankommt:

„Guten Tag, mein Name ist Fred Bauer. Ich bin beruflich in Ihrem Geschäftsfeld tätig (es ist äußerst hilfreich, wenn Sie, um Interesse und Neugier zu erwecken, nicht sagen für welche Firma Sie tätig sind oder was ganz genau Sie machen). Ich rufe wegen Ihrer Telefonanlage an. Wer in Ihrer Firma ist dafür der richtige Ansprechpartner (und ohne hier zu zögern oder auf eine Antwort zu warten, sprechen Sie gleich weiter), und sagen Sie mir bitte, mit wem spreche ich gerade?" Antwort: „Mit Frau Meier." Sie notieren sich diesen Namen und sagen: „Herzlichen Dank, Frau Meier, ich brauche wirklich Ihre Hilfe (Wenn jemand wirklich ehrlich sagt, er benötigt Hilfe, dann tendieren 85 Prozent aller Menschen dazu, hilfsbereit zu sein). Mit wem in Ihrer Firma muß ich sprechen, wenn es um Ihre Telefonanlage geht?" – „Am besten sprechen Sie mit Herrn Schmidt." – „Vielen Dank für Ihre Hilfe und Unterstützung, Frau Meier. Würden Sie mich bitte mit Herrn Schmidt verbinden?"

Falls Frau Meier nicht bereit ist, ohne weiteres die Verbindung herzustellen und fragt: „Um was geht es denn?", müssen Sie an dieser Stelle mit dem wesentlichen Vorzug Ihrer Telefonanlage für den Kunden antworten: „Es dreht sich darum, unnötige Kosten zu reduzieren und hohe Ausgaben für das Unternehmen zu vermeiden." Bei einer solchen Antwort wird die Sekretärin sehr schnell feststellen, daß sie nicht kompetent genug ist, um darüber Entscheidungen zu treffen, und in der Regel wird Fred Bauer mit Herrn Schmidt verbunden.

Wäre Fred Bauer im Finanzbereich tätig, würde er sagen: „Es dreht sich darum, die finanzielle Sicherheit Ihrer Firma zu erhöhen." Oder „Es geht darum, den Umsatz Ihres Unternehmens zu erhöhen, und darf ich fragen, Frau Müller, ist das Ihr Zuständigkeitsbereich?" Um keinen Fehler zu machen, werden hier sehr viele Sekretärinnen hilfsbereit sein und einen geeigneten Gesprächspartner für Fred Bauer finden.

Wenn Fred Bauer den Namen des Entscheidungsträgers bereits kennt, wird er möglicherweise so vorgehen: „Guten Tag, mein Name ist Fred Bauer. Es geht um die Verbesserung der Effektivität im Außendienst Ihres Unternehmens. Stellen Sie mich bitte zu Robert Schmidt durch." Weil Fred Bauer den Entscheidungsträger bereits namentlich kennt und er am Telefon sicher wirkt, wird die Sekretärin ihn vermutlich sofort durchstellen. Hätte Fred Bauer jedoch gefragt: „Ist Robert Schmidt im Haus? Kann ich ihn eventuell sprechen?", dann wären seine Chancen, mit Herrn Schmidt zu sprechen, drastisch gesunken. „Herr Schmidt ist heute nicht im Haus. Geben Sie mir bitte Ihre Telefonnummer, so daß er Sie zurückrufen kann", könnte Fred Bauer von der Sekretärin erfahren. Doch Fred Bauer hinterläßt nie seine Telefonnummer, falls er einen Ansprechpartner nicht antrifft. Er will die Situation ständig kontrollieren, und aus diesem Grund sagt er: „Ich weiß, daß Herr Schmidt sehr beschäftigt ist, und ich bin ständig unterwegs oder in wichtigen Gesprächen, so daß ich telefonisch nicht leicht erreichbar bin. Damit Herr Schmidt nicht seine Zeit verschwendet, halte ich es für besser, wenn ich zurückrufe. Recht herzlichen Dank. Bitte richten Sie ihm aus, daß Fred Bauer angerufen hat. Es geht um eine Möglichkeit, das Umsatzvolumen Ihres Unternehmens zu verbessern."

Verkaufs-Champions bedienen sich einer alten Weisheit: „Kleine Geschenke erhalten die Freundschaft." Der Verkaufs-Champion schickt den Damen an der Rezeption, an der Telefonzentrale oder den Sekretärinnen Dankeschönkarten oder kleine Aufmerksamkeiten.

Von anderen Geschäftspartnern ihres Chefs erhalten Sekretärinnen in der Regel keine Dankschreiben oder Aufmerksamkeiten. Deshalb werden Sie im Gedächtnis auf der Positiv-Seite abgespeichert und haben bei Ihrem nächsten Anruf leichtes Spiel.

Moderner Verkauf hängt unmittelbar von Ihrer Fähigkeit ab, ein Netzwerk von hilfreichen Menschen und guten Kontakten aufzubauen. Die wichtigsten Kontakte sind sehr häufig die Kontakte zu Personen, die zwischen Ihnen und Entscheidungsträgern stehen.

Wenn eine Sekretärin beispielsweise zu ihrem Chef sagt: „Herr Bauer ist ein sehr netter Mensch, der nun schon dreimal angerufen hat, um mit Ihnen über die Erhöhung der Effizienz unseres Außendiensts zu sprechen. Ich glaube, was er Ihnen zu sagen hat, könnte sehr wichtig sein." In diesem Fall ist der Entscheidungsträger wesentlich eher geneigt, mit Ihnen zu sprechen, als wenn einfach nur ein Zettel auf dem Schreibtisch liegt: Herr Bauer hat angerufen.

So könnte beispielsweise die Dankeskarte des Verkaufs-Champions wie folgt aussehen: „Sehr geehrte Frau Müller, recht herzlichen Dank für das nette Gespräch. Ich hoffe, daß Ihre Geschäftsleitung weiß, wie wichtig es ist, eine so wertvolle und kompetente Person wie Sie am Telefon zu haben. Sie sorgen dafür, daß der erste Eindruck, den man von Ihrem Unternehmen hat, sehr positiv ist. Ich möchte mich bei Ihnen recht herzlich für Ihre Unterstützung bedanken."

Wenn Sie nach einer solchen Dankeskarte einige Tage später im Büro anrufen und mit Frau Müller sprechen, werden Sie feststellen, wie hilfreich das Teamwork mit allen Personen ist, mit denen Sie täglich zu tun haben.

Ich habe immer wieder festgestellt, daß die Wirkung von Dankschreiben fast nicht zu überbieten ist. Wichtig ist, daß dieser Brief mit der Hand geschrieben oder zumindest persönlich unterschrieben wird. Es gibt jedoch nichts besseres als eine handgeschriebene Karte, nicht auf offiziellen Firmenpapier und in einem Briefumschlag, der keine genormte Größe hat. Der Verkaufs-Champion baut sich mit Dankschreiben ein Netzwerk des Erfolgs auf.

Kapitel 9
Der Verkaufs-Champion
als Manager

Zig Ziglar, der beste Verkaufstrainer, den ich kenne, erzählt folgende Geschichte:

> *Er wurde in das Büro eines Mannes gebeten, der sich für ein Verkaufstraining seiner Mitarbeiter interessierte. Als Zig diesem Mann gegenüber saß, sagte dieser: „Ich werde in zehn Jahren der erfolgreichste Immobilienmakler Amerikas sein." Zig war nicht besonders beeindruckt, und daraufhin sagte sein Gegenüber: „Sie brauchen gar nicht darüber zu lächeln. Ich will Ihnen etwas zeigen." Und er legte ihm ein handgeschriebenes Buch vor und zeigte ihm die letzte Seite. Diese Seite war zehn Jahre im voraus datiert und dort stand: „An diesem Tag werde ich an der Wall Street mein eigenes Büro eröffnen und der größte Immobilienmakler Amerikas sein."*
> *Auf die Frage von Zig, was das solle, sagte er: „Ich habe vor zehn Jahren einen 20-Jahres-Plan aufgestellt und liege bis zum heutigen Tag exakt im Zeitplan. Er zeigte die Seite mit dem aktuellen Tagesdatum, und auf dieser Seite stand: „Ich bin zu diesem Zeitpunkt so erfolgreich, daß ich einen professionellen Verkaufstrainer konsultieren und anheuern werde, um meinen Mitarbeitern dabei zu helfen, noch erfolgreicher zu sein." Und genau das war der Grund, warum Zig diesem Mann an diesem Tag gegenüber saß.*

Diese Geschichte symbolisiert die Wichtigkeit von klaren Zielsetzungen, Plänen und Strategien. Heute erlebe ich es immer wieder, auch bei sehr großen Unternehmen, bei denen man das nicht vermuten würde, daß das Management heute nicht weiß, was es morgen unternehmen wird. Doch um erfolgreich zu sein, muß man Erfolg planen, vorbereiten und ihn innerhalb einer konkreten Zielsetzung durch flexibles, konstantes Handeln realisieren.

Die Planung

Die Planung für eine Organisation, Planung für Erfolg, Planung für das Erreichen eines Zieles ist letztendlich nichts weiter als das Erstellen einer Bauzeichnung, einer Blaupause, wie sie ein Architekt erstellt, bevor die Handwerker damit beginnen, das Haus nach seinen Vorstellungen zu errichten. Und wenn Sie Führungskraft in einem Unternehmen sind, müssen Sie für Ihr Unternehmen diese Bauzeichnung erstellen und sie bis zur Fertigstellung managen.

Wann immer ich Manager in Unternehmen frage, wie viele Mitarbeiter sie beschäftigen, geben sie mir eine konkrete Personenzahl an. Wenn Sie sich nun aber beispielsweise ein Pferd auf einer Weide vorstellen, das Gras frißt, dann repräsentiert dieses Pferd nicht ein PS, also nicht die Maßeinheit Pferdestärke, mit der man die Leistungsstärke von Motoren beschrieben hat. Eine Pferdestärke entspricht genau dem, was ein Pferd mit all seinen Möglichkeiten, Kräften und seinem Willen ziehen kann. Nicht jedes Pferd hat aber genau diese Stärke.

Mit diesem Vergleich möchte ich ausdrücken, daß ein Unternehmen, das beispielsweise zehn Personen angestellt hat, nicht unbedingt zehn Mitarbeiter hat. Denn Mitarbeiter ist nur die Person, die unter Ausnutzung aller Möglichkeiten, Fähigkeiten und Talente im wahrsten Sinne des Wortes voll mitarbeitet und nicht nur einfach präsent ist.

Und ich wenn ich Sie als Führungskraft unter Berücksichtigung dieses Beispiels frage, wie viele Mitarbeiter Sie haben, und Sie wirklich ehrlich sind, dann wird die Zahl der Personen, die von Ihnen ein Gehalt oder Provisionen erhalten, nicht identisch sein mit der Zahl der Personen, die Sie als Mitarbeiter in diesem Sinne bezeichnen.

Sie errechnen also die Mitarbeiter in Ihrem Betrieb nicht dadurch, daß Sie Köpfe zählen, sondern indem Sie die Personen zählen, die ihrem vollen Potential entsprechend Resultate erbringen. Es ist Ihre Aufgabe als Manager, jede angestellte Person zu einem wirklichen Mitarbeiter zu machen. Sie müssen den Menschen, die sich Ihnen oder Ihrer Firma anvertrauen, dabei helfen, klare Ziele zu setzen, sich bleibend selbst zu motivieren und solange zu arbeiten, bis die eigenen Ziele erreicht sind.

Sehr viele Unternehmensleiter, mit denen ich zusammenarbeite, zeigen mir vor Beginn der Zusammenarbeit ihre hohen Umsatzzahlen. Diese allein sind aber kein Beweis für Erfolg oder wachsenden Gewinn. Viele

Unternehmen glauben sogar, daß sie wachsen, obwohl sie sich in Wirklichkeit zurückentwickeln.

Dazu ein Rechenbeispiel: Wenn Ihr Unternehmen im letzten Jahr eine 18prozentige Umsatzsteigerung hatte und in diesem Jahr der Umsatz nur um zehn Prozent wächst, haben Sie einen Wachstumsrückgang von acht Prozent zu verzeichnen. Nur ständiges Wachstum garantiert die Existenz eines Unternehmens. Stillstand ist Rückschritt.

Der Unternehmenserfolg wird aber nicht nur in absoluten Zahlen gemessen, sondern auch an den Kennziffern der Mitbewerber. Solange die Wachstumszahlen Ihrer Konkurrenz besser sind als Ihre Zahlen, solange verlieren Sie Marktanteile. Ihr Ziel als Manager muß es deshalb sein, Marktführer zu werden. Solange Sie sich in Richtung dieser Zielsetzung bewegen, sind Sie erfolgreich. Das gesamte Streben und Denken des Managements muß darauf ausgerichtet sein.

Die wichtigste Person für das Management sollte also nicht der Kunde, sondern der Verkäufer sein. Bei ihm beginnt eine Kausalkette, die beim Kunden endet. Der Verkäufer bewirkt, daß Umsatz gemacht wird. Von seiner Qualität hängt es ab, ob der Umsatz eines Unternehmens steigt oder fällt, ob eine Firma Marktanteile gewinnt oder verliert.

Natürlich spielt auch die Qualität des Produkts eine sehr gewichtige Rolle, denn selbst der beste Verkäufer der Welt wird ein schlechtes Produkt einem Kunden nur einmal verkaufen können. Folgegeschäfte sind ausgeschlossen. Sie werden nie echte Verkaufs-Champions für Ihren Außendienst gewinnen können, wenn Sie kein Produkt vorweisen können, das er guten Gewissens verkaufen kann. Jeder Verkaufs-Champion wird mit einem schlechten Produkt zu einem Ex-Champion, denn für ein schlechtes Produkt kann er sich nicht begeistern, und ohne Begeisterung kann er nicht verkaufen. Ohne ein gutes Produkt kann er beim Kunden seine Qualitäten nicht zur Entfaltung bringen, denn dann bleibt in einer ehrlichen Beratung nur der Hinweis, daß es auf dem Markt bessere Produkte gibt. Wenn der Verkäufer Freund und Partner des Kunden sein will, dann kann er nur gute Produkte verkaufen, denn alles andere wäre Betrug. Und Freunde betrügt man nicht. Es gilt also, auch in puncto Qualität die Marktführerschaft anzustreben.

Es ist die Aufgabe des Managements, Mitarbeiter zu fördern und ihnen Wege und Möglichkeiten aufzuzeigen, wie sie innerhalb des Unternehmens wachsen und sich weiterentwickeln können. Denn der Hauptgrund dafür, daß ein Unternehmen hervorragende Mitarbeiter verliert, ist der, daß Mitarbeiter innerhalb ihres Tätigkeitsbereichs oder Ihres Unternehmens keine Möglichkeit mehr sehen, sich weiterzuentwickeln und noch erfolgreicher zu werden. Deshalb sollten Sie als Manager von Champions schon bei Beginn der Zusammenarbeit auf künftige Chancen und Möglichkeiten hinweisen. Champions engagieren sich, wenn sie wissen, daß sie auch ihren Anteil vom Kuchen bekommen. Mit einem gerechten Entlohnungssystem haben Sie als Manager die Möglichkeit, das absolute wie auch das relative Wachstum zu steuern.

Immer dann, wenn Sie nicht mehr über den Preis verkaufen können, wenn die Mitbewerber zum gleichen Preis qualitativ gleichwertige Produkte anbieten, dann sind es Ihre Verkaufs-Champions, die anderen Unternehmen Marktanteile abnehmen können, weil Ihre Mitarbeiter aufgrund der Entlohnung und der Entwicklungsmöglichkeiten, die Sie ihnen bieten, motivierter sind. Jede Mark, die Sie in die Aus- und Weiterbildung Ihrer Verkäufer investieren, ist eine Mark, die mehr Rendite bringt als die besten Aktie.

Als Manager müssen Sie die Aktivitäten Ihrer Mitarbeiter managen, aber Sie dürfen nicht glauben, daß Sie Ergebnisse managen können. Die gewünschten Resultate bekommen Sie automatisch, wenn Sie Ihre Mitarbeiter richtig führen.

Zu diesem Zweck müssen Sie klar und eindeutig definieren, welche Aufgaben ein Verkäufer innerhalb Ihres Unternehmens hat, was Sie von ihm verlangen und welche konkreten Aktivitäten Sie täglich von ihm erwarten. Dazu gehört, daß Sie als Führungskraft schriftlich eine klare Aufgabenbeschreibung niederlegen, indem Sie detailliert auflisten:

▶ wie sich der Verkäufer kleidet,

▶ wann der Verkäufer im Büro erscheint,

▶ welche schriftlichen Arbeiten der Verkäufer im Büro zu erledigen hat,

▶ welche Vorbereitungen er für seine Telefonate zu treffen hat,

▶ welche Aufzeichnungen er bei seinen Telefonaten zu machen hat,

▶ wie viele Telefonate er täglich zu erledigen hat,

▶ wie viele Termine er täglich zu vereinbaren hat,

▶ wie das Telefonverhalten des Verkäufers zu sein hat,

▶ wie das Material für Produktpräsentationen zusammengestellt wird,

▶ auf welche Art und Weise Präsentationen stattfinden sollen,

▶ wie die Wochenberichte zu verfassen sind.

Außerdem legt der Manager, eventuell zusammen mit der Geschäftsleitung, folgende Rahmenbedingungen für die Verkäufer fest:

▶ Anstellungsverträge

▶ Entlohnungssystem

▶ Prämiensystem

▶ Incentive-Programme

▶ Fortbildungsprogramme Verkaufstechniken

▶ Fortbildungsprogramme Motivation

Wie findet man echte Verkaufs-Champions?

Jedes Unternehmen steht scheinbar vor dem gleichen Problem: „Wie finde ich die besten Verkäufer?" Im folgenden stelle ich Ihnen die verschiedenen Möglichkeiten vor.

Zeitungsanzeigen

Als Manager suchen Sie Personen, die eine optimale Qualifikation für den Verkauf mitbringen. Nicht jeder, der zur Zeit keine andere Beschäftigung hat und der einen Job sucht, ist auch ein geeigneter Verkäufer. Leider beobachte ich bei der Lektüre der Stellenanzeigen in den großen überregionalen Tageszeitungen, aber auch in lokalen Zeitungen und Anzeigenblättern, eine Tendenz, die wohl kaum zum Erfolg führen kann:

> *120 000 DM!*
> *Im Jahr?*
> *Nein, dieses Einkommen können Sie*
> *jeden Monat haben!*

In diesen Anzeigen werden entweder horrende Verdienstmöglichkeiten oder atemberaubende Karrieremöglichkeiten angeboten. Und was das

Schönste dabei ist? Man muß fast nichts dafür tun! Jede Menge Geld für fast keine Arbeit? Kein Wunder, daß auf solche Anzeigen mehr Glücksritter und Versager reagieren werden, die mit Arbeit nichts am Hut haben. Wenn solchen „Mitarbeitern", denen im Schnellverfahren Grundbegriffe des Verkaufems beigebracht werden sollen (was meist nicht gelingt), dann die Lizenz zum Kundenbesuch ausgestellt wird, ist der Mißerfolg vorprogrammiert.

Die Anforderungen werden so hoch geschraubt, daß die frischgebackenen „Verkäufer" nicht anders können, als den Kunden mit häßlichen Tricks über den Tisch zu ziehen. Damit ist dieser Kunde für alle Zeiten „verbrannt", kein Verkäufer braucht in Zukunft bei ihm vorzusprechen: Er hat die Nase voll. Ein zusätzlicher Schaden entsteht dadurch, daß solche Strauchdiebe einen ganzen Berufsstand in Verruf bringen und seriösen Verkaufs-Champions die Arbeit unnötig erschweren.

Wenn Sie planen, neue Mitarbeiter über Zeitungsanzeigen zu suchen, ist es besonders wichtig, daß Ihre Anzeigen sich von den oben beschriebenen unterscheiden. Die Anzeigen sollen groß und auffällig genug sein, denn besonders erfolgreiche Verkäufer reagieren nur auf Anzeigen, die Größe und Erfolg widerspiegeln.

Wenn Sie „fertige" Champions gewinnen wollen, dürfen Sie auch nur Champions ansprechen und keine Glücksritter, die in anderen Bereichen auch schon versagt haben. Echte Profis wechseln nur dann, wenn sie sich wirklich verbessern können. Das betrifft das Produkt (Qualität, Image), das Unternehmen (Größe, Image, Corporate Identity), Arbeitsbedingungen (Firmenfahrzeug, Fortbildung, Aufstiegsmöglichkeiten) und die Entlohnung.

Tests haben ergeben, daß erfolgreiche Verkäufer Zeitungsanzeigen in der Reihenfolge Ihrer Größe beantworten, wenn sie einen neuen Arbeitgeber suchen. Sie reagieren also zuerst auf die größte, dann auf die zweitgrößte, dann auf die drittgrößte, dann auf die viertgrößte Anzeige, falls die vorangegangenen Versuche ergebnislos waren. Sie können sich also vorstellen, welche Personen auf Ihre Anzeige reagieren, wenn Sie eine winzige Anzeige schalten: Es melden sich genau die Personen, die kein anderer zuvor haben wollte.

Sie setzen den Wert eines Angebots durch die Größe der Anzeige im Bewußtsein des Lesers fest. Um die optimale Größe Ihrer Anzeige herauszufinden, sehen Sie sich die Zeitung vom vergangenen Wochenende an, und gestalten Sie Ihre Anzeige etwas größer als die größte Anzeige darin, die Verkäufer ansprechen sollte.

Jede Anzeige wirbt mit einer Headline, die das Interesse und die Aufmerksamkeit des Lesers sofort auf sich zieht. Es gibt nichts Schwierigeres, als die richtige Headline zu finden. Sie entscheidet darüber, wer sich bei Ihnen meldet. „Hoher Verdienst" zieht in erster Linie arme Schlucker an, „einfache Tätigkeit" solche Bewerber, die sich ihrer begrenzten Möglichkeiten bewußt sind. Wenn Sie Top-Verkäufer suchen, dann sollte „Top-Verkäufer" auch in der Headline stehen. Damit schließen Sie sofort alle Arbeitsuchenden aus, die noch nicht im Verkauf gearbeitet haben. Top-Verkäufer hingegen fühlen sich so angesprochen, als ob Sie sie mit Namen nennen würden.

Was muß sonst noch in einer Anzeige für ein Stellenangebot stehen?

▶ *Wer sucht*: Die Beschreibung Ihrer Firma muß dem Interessenten Prestige, Information und Anreiz vermitteln. Signalwörter sind hierbei beispielsweise Wachstum, Marktführer, modern, weltweit.

▶ *Um welches Produkt geht es*: Das Prestige muß auch vom Produkt- oder Serviceangebot ausgehen. Deshalb muß Ihr Produkt- oder Serviceangebot in der Anzeige dargestellt werden. Es muß so beschrieben werden, daß es Prestige nach außen hin signalisiert. Genauso muß dem Interessenten vermittelt werden, daß er an eine besondere Kundenschicht verkaufen wird. Auch hierüber appellieren Sie an sein Prestige!

▶ *Wie der Verkäufer vorbereitet wird:* Verkaufs-Champions legen großen Wert auf umfassende Ausbildung. Sie wollen in ihr Tätigkeitsfeld gründlich eingearbeitet werden, wollen das Produkt genau kennenlernen. Deshalb muß schon die Anzeige den Interessenten Aus- und Weiterbildungsmöglichkeiten offerieren. Denn jeder Verkaufsprofi weiß mittlerweile genau, daß er schneller und erfolgreicher tätig sein kann, wenn er für ein Unternehmen tätig ist, das seine Verkäufer schult und durch Training und Ausbildung unterstützt.

▶ *Die Karriere-Leiter:* Wenn Sie „fertige" Verkäufer und keine Anfänger ansprechen wollen, dann kommt den Aufstiegsmöglichkeiten besondere Bedeutung zu. Die Anzeige muß deshalb unbedingt die Karrieremöglichkeiten aufzeigen, welche Anforderungen daran gestellt werden und in welchen Zeiträumen die Karriereziele erreicht werden können.

▸ *Die Lebenspartnerin:* Als professioneller Manager wissen Sie genau, welche Bedeutung die Lebenspartnerin für einen Verkäufer hat. Sie ist für ihn der ruhende Pol, ein Quell der Rekreation, die Motivation, Großartiges zu leisten. Hinter der Karriere eines großen Mannes steht immer eine starke Frau. Deshalb sollten Sie versuchen, auch die Aufmerksamkeit der Ehefrau oder der Lebenspartnerin eines erfolgreichen Verkäufers zu erringen. Das gelingt oft über das Belohnungs-System, wenn Sie beispielsweise für die erfolgreichsten Verkäufer eine Zwei-Wochen-Reise nach Hawaii mit Partnerin ausschreiben.

Für eines der großen Versicherungsunternehmen, bei dem ich ausbilde, berate und schule, habe ich ein Mitarbeitertreffen für den Außendienst einberufen. Das Treffen fand in angenehmer Atmosphäre bei einem guten Abendessen und mit einem ansprechenden Unterhaltungsprogramm statt. Bedingung war, daß die Verkäufer ihre Lebenspartnerin mitbringen. In diesem Unternehmen waren fast ausschließlich männliche Verkäufer tätig. An diesem Abend kündigte ich einen Wettbewerb an, der den Partnerinnen der erfolgreichsten 50 Verkäufer einen kostenfreien zweiwöchigen Aufenthalt auf einer luxuriösen Schönheitsfarm in Aussicht stellte. Innerhalb von neun Wochen stieg der Umsatz um 28 Prozent an. Soviel zum Thema Lebenspartnerin.

Direktmailing

Eine besonders effektive Form der Mitarbeitersuche ist ein Mailing. Sie schreiben die Kunden an, die bereits bei Ihnen gekauft haben, und bitten diese, Ihnen qualifizierte und interessierte Personen zu benennen, von denen sie annehmen, daß sie für die angebotene Position geeignet und interessiert sind.

Selbstverständlich muß das Anschreiben die gleichen Kriterien erfüllen, wie ich sie Ihnen zuvor in bezug auf Zeitungsanzeigen genannt habe. Selbstverständlich fügen Sie auch einen frankierten Rückumschlag bei, um dem Kunden die Antwort leicht und kostenfrei zu machen. Sie haben große Chancen, daß viele Kunden jemanden für geeignet halten, sich für die angebotene Stelle zu bewerben. Weil der Kunde Ihr Produkt bereits kennt und davon überzeugt ist, ist es noch viel leichter für Sie, vielleicht sogar den Kunden selbst als Wiederverkäufer zu gewinnen.

Eine zweite Möglichkeit besteht darin, Verkäufer aus anderen Branchen anzusprechen. Diese Adressen können Sie bei spezialisierten Adreßverlagen mieten. Wichtig ist, hier Verkäufer anzusprechen, die nicht aus Ihrer Branche kommen, die nicht in Ihrem Verkaufsbereich tätig sind. Denn wenn Sie Verkäufer abwerben, die aus derselben Branche kommen, in der Sie tätig sind, gibt es zwei Möglichkeiten: Entweder Sie müssen für diese Verkäufer einen ungewöhnlich hohen Preis bezahlen oder ihnen andere attraktive Konditionen bieten. Kein erfolgreicher Verkaufsprofi würde sein Unternehmen für Sie verlassen.

Achten Sie weiterhin darauf, daß Sie nicht Verkäufer einstellen, die in ihrer bisherigen Anstellung, gleich aus welchem Grund, viele schlechte Erfahrungen gemacht haben. Das erfahren Sie spätestens beim Einstellungsgespräch. Diese negativen Erfahrungen können nicht so schnell abgestreift werden, sie gehen unter die Haut, und es bedarf intensiver Bemühungen, um einen solchen Verkäufer wieder aufzurichten. Zumindest anfangs wird er weiterhin die Schattenseiten des Berufs in den Vordergrund stellen. Er kann weder im Unternehmen noch beim Kunden die erforderliche strahlende Begeisterung aufbringen. Negativ konditionierte Verkäufer sind mit Sicherheit nicht gut für die Entwicklung Ihres Unternehmens.

Interne Mitarbeiterakquisition

Wenn Sie Ihre Mitarbeiter bitten, neue Mitarbeiter für Ihr Unternehmen zu interessieren, so sollten Sie darauf achten, daß Sie nur Ihre besonders erfolgreichen Verkaufs-Champions darauf ansprechen. Diese sind selbstbewußt genug, um nicht Konkurrenz im Unternehmen zu fürchten, und werden deshalb versuchen, möglichst qualifizierte Verkäufer anzusprechen.

Man kennt sich. Das ist in allen Berufsbereichen so. Jeder gute Schreiner weiß, wer außer ihm noch gut arbeitet, jeder gute Metzger weiß, wer ähnlich gute Würste herstellt, und jeder gute Architekt erkennt neidlos auch die Leistungen anderer guter Architekten an.

Menschen mögen Menschen, die so sind, wie sie selbst. Deshalb werden Verkaufs-Champions nur Verkäufer aus ihrer Liga empfehlen. Wenn Sie aber schwache Mitarbeiter auffordern, neue Mitarbeiter anzuwerben, dann werden diese höchstens gleichwertige Mitarbeiter, also Menschen, die so sind, wie sie selbst, anwerben können und reproduzieren somit nur sich selbst. Und ein Heer von schwachen und inaktiven Mitarbeitern kann für die Entwicklung des Unternehmens katastrophale Folgen haben.

Setzen Sie für gute neue Mitarbeiter eine hohe Belohnung aus. Geben Sie ein Drittel der Belohnung an Ihren Verkaufs-Champion, wenn Sie den neuen Mitarbeiter einstellen. Den zweiten Teil seiner Belohnung geben Sie Ihrem Mitarbeiter, wenn der neue Mitarbeiter erfolgreich das Unternehmenstraining absolviert hat, und den dritten und letzten Teil dann, wenn der neue Mitarbeiter einen bestimmten Umsatz produziert hat. Sie stellen dadurch sicher, daß Ihr Champion den neuen Mitarbeiter von Anfang an fördert, betreut, beobachtet und auf dessen Erfolg Einfluß nimmt.

Effektive Personalgewinnung über Empfehlung

Gehen Sie persönlich zu Wiederverkäufern, ganz gleich in welcher Branche, und fragen Sie: „Wer ist der beste und effektivste Verkäufer, der Sie aufsucht?" Fragen Sie: „Welches ist der beste Verkäufer, also derjenige, von dem Sie am meisten kaufen. Was macht ihn so besonders, und warum kaufen Sie von ihm?" Fragen Sie: „Bei wem haben Sie Ihre Versicherungen abgeschlossen? Bei wem kaufen Sie regelmäßig Ihre Ware? Bei wem kaufen Sie Ihr Büromaterial?" Durch dieses Vorgehen erhalten Sie eine Liste von Namen, von erfolgserprobten Verkaufspersönlichkeiten, die in der Lage waren, ein positives Image im Bewußtsein ihrer Kunden zu entwickeln. Erfahrungsgemäß erhalten Sie auf diesem Wege zehn Namen und Telefonnummern pro Tag. Danach können Sie mit mindestens einem davon ein ernsthaftes Einstellungsgespräch führen, und erfahrungsgemäß wird jeder zehnte, mit dem Sie ein Gespräch führen, zu einem neuen Mitarbeiter.

Dieses Vorgehen verlangt große Einsatzbereitschaft und einen erheblichen Aufwand Ihrerseits, aber Sie können sicher sein, daß die Verkäufer, die Sie auf diese Art und Weise für sich und Ihr Unternehmen oder Ihr Produkt- oder Serviceangebot gewinnen können, echte erfolgserprobte Profis sind. Und es ist ein Unterschied, ob Sie den besten von zwei Bewerbern aussuchen können oder den besten von 20.

Die richtige Auswahl

Viele Manager sagen: „Ich will einfach nur einen Menschen, der richtig motiviert ist." Aber Vorsicht: Wenn Sie einen Dummkopf motivieren, haben Sie auch nach der Motivation nichts weiter als einen motivierten Dummkopf. Dies kann extrem gefährlich sein. Darum brauchen Sie ein Auswahlsystem für die Selektion Ihrer Mitarbeiter.

Dazu gehört, daß Sie zuerst die vollkommen ungeeigneten Bewerber ausschließen. Es ist wichtig, daß Sie die gesamte Person betrachten, also Gesundheit, Fitneß, Vitalität, berufliche Fähigkeiten und Fertigkeiten, aber auch das private Umfeld gleichermaßen berücksichtigen. Denn eine katastrophale Partnerschaftsbeziehung beispielsweise führt nicht allzu häufig auch zum beruflichen Ruin oder zumindest zum Abstieg vieler Personen.

Suchen Sie nach Menschen mit Wertvorstellungen, moralischen und ethischen Werten. Suchen Sie nach Hinweisen, ob die Personen in ihrem Leben bisher loyal oder unloyal waren und ob Ehrlichkeit und Korrektheit zu den Charaktereigenschaften dieser Personen gehören.

Charaktereigenschaften eines Menschen ändern sich in der Regel nicht, und Personen, die in der Vergangenheit unloyal, unehrlich und unkorrekt gehandelt haben, werden dies zu 99 Prozent auch in der Zukunft tun, wenn es keine drastischen Einschnitte in Ihrem Leben gegeben hat, die zu einer Veränderung geführt haben.

Treffen Sie möglichst keine Entscheidung aufgrund einer Statistik oder nur basierend auf den Umsatzzahlen, sondern versuchen Sie vor allen Dingen zu ergründen, wodurch und warum Ihr Gegenüber diese Umsatzzahlen erreicht hat, ob er ein ehrlicher Verkäufer ist, der am Wohl des Kunden sowie des Unternehmens, für das er tätig ist, interessiert ist oder nicht.

Die Zeit der rücksichtslosen Menschen, der überrumpelnden Verkäufer ist längst vorüber, und derartige Personen und Vorgehensweisen können Ihrem gesamten Unternehmen einen so schlechten Ruf einbringen, daß Sie dadurch viel höhere Umsatzeinbußen hinnehmen müssen, als sich in dem Mehrumsatz durch den neuen Mitarbeiter widerspiegeln.

Wir leben im Servicezeitalter, und das bedeutet, daß wir kundenorientierte Mitarbeiter benötigen, die Spaß und Freude an ihrer Arbeit haben, die stolz auf ihren Beruf sind, die Experten, Spezialisten, Verkaufs-Champions sein wollen und sich durch hervorragende Leistungen und Teamgeist auszeichnen.

Nachdem Sie von vornherein einmal festgelegt haben, welche Personen Sie nicht in Ihrem Unternehmen haben wollen, stellen Sie sich nun die Frage, mit welchen Menschen Sie die nächsten zehn, 20 oder 30 Jahre zusammenarbeiten möchten, und treffen danach Ihre Auswahl.

Gerade im Rekrutierungsbereich gibt es häufig Manager, die der Meinung sind, sie können eine verlorene Seele retten. Glauben Sie mir, es wird Ihnen nicht gelingen. Menschen machen sich selbst zu Verlierern oder selbst zu Gewinnern, immer basierend auf bewußten oder unbewußten Entscheidungen. Hat jemand sich dazu entschlossen, den Weg des Versagers zu gehen, werden Sie ihn nicht retten und nicht davon abhalten, diesen Weg weiter zu gehen.

Außerdem betrügen Sie Ihr Unternehmen und mißbrauchen Ihre Position als Führungskraft, wenn Sie dem Unternehmen einen Menschen zuführen, der nicht die optimale Wahl darstellt. Stellen Sie nur Verkäufer ein, die auf dem Weg nach oben sind. Bedenken Sie vor allen Dingen, daß Verkäufer, die sehr häufig ihre Stellung wechseln, wahrscheinlich Personen sind, die der Firma, dem Produkt- oder Serviceangebot die Schuld für den eigenen Mißerfolg geben, und mit solchen Personen können Sie nichts anfangen.

Genausowenig brauchen Sie Mitarbeiter, die die Firma schlechtmachen, für die sie vorher tätig waren. Denn das werden sie, wenn sie von Ihnen weggehen, genauso mit Ihrem Unternehmen tun.

Nur allzu häufig neigen Rekrutierer dazu, sich vom Äußeren des Bewerbers beeinflussen zu lassen. Aber nicht immer ist ein korrekt und sauber gekleideter Mensch wirklich das, was er vorgibt zu sein. Denn nicht wie gut jemand aussieht, sondern wie effektiv er seine Möglichkeiten einsetzt und nutzt, ist für Sie von Interesse.

In dem Augenblick, in dem Sie zu einem Menschen ja sagen und ihn einstellen, investieren Sie in ihn zwischen 3 000 und 50 000 Mark, abhängig von dem Ausbildungs- und Schulungsprogramm, das Sie für ihn bereitstellen.

Viele Rekrutierer, die Menschen einstellen, die lediglich auf Eigenumsatzbasis bezahlt werden, glauben, daß sie dieser Mitarbeiter nichts kostet. Das stimmt nicht. Genau das Gegenteil ist der Fall. Wenn Sie einen schlechten Mitarbeiter beschäftigen, kostet es Sie genau den Umsatz, den er nicht macht, den aber ein Verkaufs-Champion bei den gleichen Kunden gemacht hätte.

Treffen Sie also Ihre Entscheidungen immer, indem Sie die Gesamtheit des Menschen betrachten, seine Einstellung, seine Vergangenheit, seine Zielsetzung, sein momentanes Verhalten und seine berufliche Entwicklung. Denn wenn Sie diesen Menschen Ihr allerwichtigstes Gut überlassen, nämlich Ihre Kunden, gehen Sie selbst damit eine große Verpflichtung ein.

Professionelles Training für Verkaufs-Champions

In der Zusammenarbeit mit meinen vielen Kollegen, die zusammen schon mehrere Millionen von Verkäufern erfolgreich geschult haben, bin ich zu der Erkenntnis gekommen, daß, ganz gleich, wie erfolgreich ein Verkäufer in der Vergangenheit auch war, wenn er bei einer neuen Firma anfängt, er ein Standard-Firmen-Ausbildungs- und Schulungsprogramm durchlaufen muß. Damit erhält sich die Firma einen gleichbleibenden Standard, gleichbleibende Leistungen, einen bestimmten Level an Produktkenntnis und ihre Unternehmenskultur im Umgang mit dem Kunden. Die Unternehmen mit den besten Schulungs- und Ausbildungsprogrammen sind genau die Unternehmen, die auf dem Weltmarkt am erfolgreichsten sind.

Ganz gleich, ob Sie einen Mitarbeiter pro Jahr einstellen oder mehrere tausend, es liegt in Ihrer Verpflichtung, neue Mitarbeiter darauf vorzubereiten, den Markt in der von Ihnen gewünschten Weise zu bearbeiten. Das wichtigste, was der neue Mitarbeiter wissen muß, ist, welche Vorteile Ihre Produkte für den Kunden bereithalten.

Die meisten Trainings- und Ausbildungsprogramme in Unternehmen sind keine Trainings- und Ausbildungsprogramme für Verkäufer, sondern lediglich Produktschulungen. Damit berauben sich diese Unternehmen eines Großteils ihres möglichen Erfolgs. Denn der Kunde kauft kein Produkt oder keinen Service, der Kunde kauft einen Vorteil, eine Lösung für ein Problem, eine Verbesserung von Lebensqualität oder andere Vorteile, die er sich durch die Annahme eines Angebots verspricht.

Verkauf ist ein Transfer von Emotionen, der Kunde kauft Gefühle und letztendlich das Versprechen, daß das Angebot für ihn das erreichen wird, den Vorteil erbringen wird, die Lösung mit sich bringt, die der Verkäufer ihm verspricht. Aus diesem Grund ist es wichtig, daß die neuen Verkäufer intensiv mit den Vorteilen vertraut gemacht werden, die der Kunde mit seinem Kauf erwirbt. Nur so kann ein Verkäufer diese Vorteile auch dem Kunden bewußt machen.

Wenn ein Verkäufer ein Produkt in- und auswendig kennt und alles darüber weiß, garantiert das aber noch lange nicht, daß er dieses Produkt auch erfolgreich verkaufen kann. Verkaufen Sie also niemals ein Produkt, sondern immer nur den Nutzen, also das, was das Produkt für den Kunden tun wird. Der Kunde kauft kein Produkt und keine Dienstleistung, sondern ausschließlich Nutzen.

Veranlassen Sie als Manager, daß Ihrem neuen Mitarbeiter deutlich bewußt gemacht wird, mit welcher Zielgruppe, mit welchen Kunden er es zu tun haben wird. Er muß wissen, wo er diese Kunden findet und auf welche Art und Weise er mit ihnen umgehen soll. Viele Verkäufer sind gar keine, sondern sind lediglich Hüter von Büros oder Wächter von Waren. Sie warten darauf, daß der Kunde zu ihnen kommt, statt nach draußen zu gehen, neue Kunden zu suchen und sie für sein Angebot zu interessieren.

Selbstverständlich trainieren und schulen Sie den neuen Mitarbeiter bezüglich seiner Präsentation und vermitteln ihm Wege und Möglichkeiten, interessierte Menschen dazu zu bewegen, von ihrem Produkt- oder Serviceangebot profitieren zu wollen.

Der moderne Verkäufer ist Ausbilder und Lehrer, der den Kunden darin schult, zu erkennen, was er benötigt und wofür, warum er es benötigt und wie er es sinnvoll und effektiv nutzen kann. Der moderne Verkäufer ermöglicht dem Kunden dann, diese Vorteile von ihm zu erwerben – in Form Ihres Produkt- oder Serviceangebots.

Auch Verkaufsprofis müssen in regelmäßigen Abständen ihre Kenntnisse über die Produktpalette, die von Ihnen gewünschten Kundengewinnungsstrategien und Präsentationsmöglichkeiten mit den dazugehörigen Kommunikations- und Abschlußtechniken wiederholen. Denn nur allzuhäufig gehen wir alle in die Falle des Erfolgs, was nichts weiter bedeutet, als daß wir, wenn wir relativ erfolgreich sind, uns angewöhnen, nur noch das Notwendige zu tun und nicht mehr unser volles Potential so einzusetzen und zu nutzen, daß wir größtmögliche Erfolge erzielen. Auch entwickeln wir alle nach einer gewissen Zeit eine Art Betriebsblindheit, so daß uns Fehler oder Unterlassungen in unserem Verhalten gar nicht mehr auffallen.

Das ist auch der Grund dafür, daß Flugkapitäne, ganz gleich, wie groß ihre Flugerfahrung ist, in regelmäßigen Abständen mit einem fremden Flugkapitän fliegen müssen, der überprüft, ob sie auch weiterhin alle Anforderungen an einen sicheren Flugzeugführer erfüllen. Ein Verkaufs-Champion wird man erst dann, wenn man die Verhaltensmuster des erfolgreichen Verkaufs verinnerlicht hat. Sie müssen ständig praktiziert und konditioniert werden, damit sich keine falschen Verhaltensmuster einschleichen.

Der sichere Umgang mit dem „Papierkram", also mit Wochen-, Monats- und Jahresberichten, mit Auftragsbearbeitung und einer absoluten Abschlußsicherheit bei Kauf- oder Serviceverträgen, ist bei vielen Anfängern keinesfalls selbstverständlich. Deshalb mein Hinweis, daß auch dieser Bereich unbedingt ins Trainingsprogramm aufzunehmen ist. Verlassen Sie sich nicht auf Beteuerungen eines neuen Mitarbeiters, sondern beobachten Sie ihn dabei, stellen Sie ihn vor jede mögliche Herausforderung, die beim Ausfüllen der Formulare anstehen kann. Geben Sie ihm Beispiele dafür, wie er in jeder Situation optimal handeln und reagieren kann.

Verkäufer verlieren die Scheu vor Kundenterminen und dem eigentlichen Verkaufen, wenn sie sich in allen Bereichen, die mit Präsentation und Verkauf zu tun haben, sicher fühlen. Als besonders hilfreich hat es sich erwiesen, wenn Mitarbeiter wöchentlich oder monatlich Berichte über ihre Arbeit erstellen. Darin müssen Schwierigkeiten, Herausforderungen, Verbesserungsmöglichkeiten und ähnliches enthalten sein.

Von sehr großer Bedeutung für einen Verkäufer ist die Transparenz seiner Einkommenssituation. Er soll in jedem Augenblick nachvollziehen können, wie sein derzeitiger Kontostand ist und mit welchem Betrag er bei der nächsten Zahlung rechnen kann. Dies gilt insbesondere für Prämiensysteme und umsatzabhängige Zahlungen. Kein Verkäufer darf das Gefühl haben, er würde nicht korrekt bezahlt. In diesem Augenblick fehlt für ihn die wesentliche Motivation, und als Manager wollen Sie ja, daß alle Verkäufer hochmotiviert zu Werke gehen. Verhindern Sie, daß Mißtrauen aufkommt. Denn wenn der Verkäufer dem Entlohnungssystem mißtraut, kommt es sehr schnell dazu, daß er auch anderen Aussagen keinen Glauben mehr schenkt. Sie haben mit dem Verkäufer eine klassische Gewinner-Gewinner-Situation geschaffen. Gut geht es beiden Seiten dann, wenn beide Seiten zufrieden sind.

Ganz gleich, in welchem Bereich Sie anderen Menschen etwas vermitteln oder beibringen möchten, hier ist die Erfolgsformel dafür. Sie enthält die wichtigsten Punkte für ein effektives Training:

▶ sagen
▶ zeigen
▶ überprüfen
▶ trainieren und
▶ verbessern.

Die meisten Trainer und Ausbilder beschränken sich auf den ersten Punkt und sagen nur, was sie erwarten. Sie aber sollten mit Ihrem Mitarbeiter ein fünftägiges Feldtraining durchführen, um den notwendigen Erfolg sicherzustellen:

1. Am ersten Tag macht der Trainer, der das Feldtraining leitet, die gesamte Arbeit am Kunden.

2. Am zweiten Tag arbeitet der Schüler mit dem Kunden, und der Ausbilder schreitet nur ein, wenn es notwendig ist.

3. In der ersten Hälfte des dritten Trainingstages beobachtet der Trainer nur, was der Schüler tut, auch wenn er jeden Verkauf sichtbar zerstört. In der zweiten Tageshälfte macht der Trainer die ganze Arbeit, und der Schüler beobachtet nur.

4. Am vierten Tag tun Sie das Schwierigste, das man von einem Manager oder Ausbilder verlangen kann. Sie imitieren beim Kunden alle Fehler, die Ihr Schüler gemacht hat, und zerstören den Verkauf vollkommen.
   Sobald Sie den Kunden verlassen, wird Ihr Schüler über Sie herfallen. Zu Ihrer persönlichen Sicherheit haben Sie ein Stück Papier in der Tasche, auf dem steht: „Am vierten Trainingstag zerstöre einen Verkauf." Andernfalls wird Ihr Schüler Ihnen niemals glauben, daß das Absicht war.

5. Am fünften Tag macht der Schüler die ganze Arbeit, der Ausbilder hilft, und der Schwerpunkt an diesem Tag liegt auf den Schwächen des Schülers. Wenn seine Schwäche also bei der Neukundengewinnung liegt, tun Sie das den ganzen Tag lang. Wenn seine Schwächen

in der Präsentation liegen, machen Sie den ganzen Tag über vorrangig Präsentationen. Wenn seine Schwäche im Abschluß liegt, gestalten Sie den Tag möglichst so, daß er so oft wie möglich Abschlußtechniken praktizieren kann. Dieser Tag ist also auf seine wesentlichen Schwächen ausgerichtet.

Wenn Sie diesem Ausbildungsplan folgen, haben Sie dafür gesorgt, daß Ihr neuer Mitarbeiter bereit und kompetent ist, seinen Lebensunterhalt in diesem Beruf zu verdienen.

Die Korrektursequenz

Wann immer die Moral oder die Effektivität eines Verkäufers schwankt, muß der Manager eingreifen. Als Gradmesser für beides, Motivation und Effektivität, können Sie die Verkaufserfolge heranziehen. Deshalb ist es sehr wichtig, daß Sie als Manager Wochenberichte anfertigen lassen, diese sofort lesen und, falls erforderlich, sofort reagieren. Diese Reaktion entspricht dem zuvor beschriebenen Ausbildungsprogramm des dritten, vierten und fünften Tages:

Am ersten Tag der Korrektur macht der Verkäufer in der ersten Tageshälfte all die Arbeit, und der Trainer beobachtet. Während der zweiten Hälfte des Tages macht der Trainer die ganze Arbeit, und der Verkäufer sieht zu. Am zweiten Korrekturtag beobachtet der Trainer das Vorgehen des Verkäufers, ohne einzugreifen. Der dritte Tag ist ausschließlich den Schwächen gewidmet.

Der Kontrollcheck

Jeder Ihrer Mitarbeiter hat das Recht auf einen monatlichen Check. Mindestens einmal im Monat müssen Sie oder ein spezieller Ausbilder mit jedem Mitarbeiter einen vollen Tag beim Kunden verbringen.

Hilfreich ist es, wenn der Mitarbeiter einmal einen besonders erfolgreichen Verkaufs-Champion begleitet. Wenn Sie von Ihrem Mitarbeiter erwarten, daß er mindestens zehn Kontakte pro Tag realisiert, dann muß der Champion, mit dem er mitgeht, mindestens zwölf Kontakte machen. Bei der kurzen Kaffeepause am Vormittag besprechen Sie, was geschehen ist und geschehen wird, ebenso in der Mittagspause oder in einer Kaffeepause am Nachmittag.

Am Ende des Tages wird ein kurzer Tagesbericht geschrieben, und der Champion listet auf, was anders oder besser gemacht werden könnte, wenn er diesen Tag noch einmal neu beginnen würde. Diese Überlegungen finden Eingang in das Vorgehen des Mitarbeiters am nächsten Tag.

Motivation

Wenn wir davon ausgehen, daß jede Handlung eines Menschen eines Motivs bedarf, so muß hinter einer Handlung, die einen Menschen sehr anstrengt, die er eigentlich nicht gern tut, die ihn Überwindung kostet, ein starkes Motiv stecken. Dieses Motiv muß stärker sein als die Aversion gegen die Begleitumstände dieser Handlung. Hinter jeder großartigen Handlung steht ein großartiges Motiv oder eine ebenso starke Überzeugung.

Hinter den enormen Anstrengungen, denen sich Menschen unterziehen, indem sie täglich fünf bis sechs Stunden Tennis trainieren und zusätzlich noch einige Einheiten Gymnastik und Ausdauertraining absolvieren, müssen also sehr starke Motive stehen. Grundsätzlich kann man als die stärksten Motive Überzeugung, Eitelkeit und Reichtum ansehen. Beim Tennisspieler sind die stärksten Motive sein sportlicher Ehrgeiz (Überzeugung), die Aussicht auf Ruhm, beispielsweise als Wimbledon-Champion (Eitelkeit), und der Reichtum, den man mit Preisgeldern und Werbeeinnahmen erlangen kann.

Das ist beim Verkauf nicht anders. Auch hier stellt eine Überzeugung, nämlich durch kompetente Beratung dem Kunden behilflich zu sein, die Grundlage für motiviertes Handeln dar. Der zweite wesentliche Faktor, der Verkäufer motiviert, ist der für ihn sofort überschaubare Verdienst, der unmittelbar mit seinem Talent und seinem Einsatz in Verbindung steht. Auch der dritte Faktor, der Ruhm, in diesem Fall besser das Ansehen, das er durch seine Leistungen in seinem beruflichen Umfeld und das er durch seinen Wohlstand im privaten Umfeld gewinnt, ist eine starke Motivation für Verkäufer.

Um Verkäufer zu absoluten Spitzenleistungen zu animieren und bestimmte Unternehmensziele zu erreichen, geben die Unternehmen zusätzliche Anreize.

Ich denke, daß Auszeichnungen wie „Mitarbeiter des Monats" oder ähnliches in modernen Firmen nicht mehr existieren sollten, denn solche Wettbewerbe sorgen dafür, daß sich nur einer als Gewinner fühlen kann und alle anderen als Verlierer. Resultat ist, daß ein Verkäufer, der einige Male nur „zweiter Sieger", also auch Verlierer wird, keine Lust mehr hat, sich an diesen Wettbewerben zu beteiligen, da seine Leistung, die ihn immerhin auf den zweiten Platz gebracht hat, nicht besonders honoriert wird, nicht mit innerbetrieblichem Ruhm und Ansehen und nur teilweise mit Geld.

Sehr häufig geben Manager, wenn sie eine zehnprozentige Umsatzsteigerung für ihr Unternehmen wünschen, ihren Mitarbeitern eine zehnprozentige Steigerung des zu erzielenden Umsatzes vor. Das ist die einfachste und schlechteste Lösung im Management. Denn der erfolgreiche Verkäufer, der beispielsweise 100 000 Mark Umsatz macht, muß seinen Umsatz um 10 000 Mark erhöhen, um seiner Quote gerecht zu werden. Denn der erfolglose Verkäufer, der nur 10 000 Mark Umsatz macht, benötigt hingegen nur 1 000 Mark mehr Umsatz, um als Held und erfolgreicher Verkäufer im Unternehmen dazustehen, indem er seine Quote erreicht oder überschreitet. Diese unfairen Behandlungsmethoden führen häufig zur Demotivation der erfolgreichen Verkäufer.

Das schlimmste, das bei solchen unfairen Wettbewerben herauskommt, ist, daß Sie als Manager dazu verleitet werden, inkompetente Verkäufer zu belohnen, obwohl die ja durch die vorgegebene prozentuale Steigerung des Umsatzes ihre Quote viel leichter erreichen konnten. Ich habe es immer wieder erlebt, daß Wettbewerbe prozentual nach dem Umsatz des einzelnen durchgeführt wurden und daß die größten Versager im Betrieb die Reise nach Hawaii gewonnen haben und dort nicht einmal das Geld hatten, um sich etwas zu essen zu kaufen.

Die einzig richtige Maßnahme ist die, eine Summe festzusetzen, um die der Umsatz mindestens übertroffen werden muß. Und diese Summe muß für jeden gleich sein. Dies führt dann gleichzeitig dazu, daß schwache Verkäufer ihre Leistungen besonders steigern müssen.

Grundsätzlich gilt: Jeder Wettbewerb muß so ausgeschrieben werden, daß die Helden in Ihrem Betrieb auch wie Helden dastehen und die Versager wie Versager. Sorgen Sie also immer dafür, daß Ihre Betriebschampions wie Champions dargestellt werden und die Versager auch als solche entblößt werden.

Ein firmeninternes Motivationsprogramm, ein Incentiveprogramm, dient zur Motivations- und Handlungsförderung, um bei den normalen Schwankungen, mit denen jede Firma zu tun hat, die schlechten Phasen etwas abzufedern. Bei verschiedenen Unternehmen habe ich die Weihnachtsfeiern oder Osterfeiern dazu genutzt, auch die Lebenspartnerinnen der Verkäufer zu einem gemeinsamen Abendessen einzuladen. Auf einen Präsentiertisch stellte ich ein extrem teures, besonders schönes Porzellangeschirr für zwölf Personen, zwölf exklusive Gläsersets und eine aus zwölf Flaschen bestehende Kollektion der besten Weine. Dann sagte ich den Damen, daß sie jedesmal, wenn ihr Lebenspartner, also der Mitarbeiter der Firma, seine Quote überschreitet, einen Teil der Sammelserie erhalten, für die sie sich entscheiden: das Geschirr, die Gläser oder den Wein. Da sich in der Regel niemand mit ein, zwei oder drei Teilen einer Sammlerausgabe oder mit nur drei Sets eines Eßservices zufrieden gibt, ermutigten die Lebenspartnerinnen die Verkäufer, auch die anderen Teile zu verdienen. Sie fragten dann nicht mehr: „Warum kommst du heute so spät nach Hause?"

Wenn Sie einen Wettbewerb ausschreiben, bei dem es nur für die ersten drei Mitarbeiter einen Preis gibt, dann wird die Hälfte Ihrer Mitarbeiter von vornherein an diesem Wettbewerb nicht teilnehmen, weil sie sich chancenlos sehen. Wann immer Sie einen Wettbewerb ausschreiben, sollten 60 bis 80 Prozent aller Mitarbeiter einen Preis bekommen, ganz gleich, wie extrem der Wert der Preise nach unten absackt. Es sollen auch diejenigen eine Chance bekommen, die noch nie etwas gewonnen haben. Dabei spielt es keine große Rolle, welchen Wert der Gewinn darstellt. Allein die Tatsache, daß ein Verkäufer sich zu den Siegern zählen darf, entspricht den Motivationsfaktoren Ruhm (er zählt zu den Siegern) und Reichtum (er gewinnt einen geldwerten Vorteil).

Wenn Sie Sachpreise zur Verfügung stellen, schaffen Sie keinen ersten, zweiten, dritten und vierten Preis, sondern lassen Sie einfach den Gewinner als ersten unter den Preisen auswählen, danach den Zweitplazierten und so weiter. So kann es nicht vorkommen, daß der Sieger einen Preis erhält, mit dem er nichts anfangen kann. Was soll der Opernliebhaber mit Karten für ein Konzert der Rolling Stones anfangen?

Bei jedem Wettbewerb, ganz gleich, wie lange er dauert, werden Sie nur neun Tage erhöhte Einsatzbereitschaft beobachten können: die ersten viereinhalb Tage nach Bekanntgabe des Wettbewerbs und die letzten viereinhalb Tage vor Beendigung des Wettbewerbs. Welchen Sinn macht also ein Wettbewerb, der sich über ein ganzes Jahr hinzieht? Kein Wettbewerb sollte länger als einen Monat dauern.

Selbstverständlich muß es aber für die besonders erfolgreichen Mitarbeiter, die das ganze Jahr extrem gute Leistungen erbringen, besondere Vergünstigungen und Vortcile geben.

Disziplin

Jeder Mitarbeiter muß ganz genau wissen und verstehen, welche Leistungen von ihm an einem Arbeitstag erwartet werden. Es macht keinen Sinn, einen Menschen für etwas zu bestrafen, das er getan oder nicht getan hat, wenn er überhaupt nicht wußte, was er tun oder nicht tun sollte. Grundvoraussetzung für Disziplin ist also, daß Ihre Mitarbeiter genau wissen, was von ihnen erwartet wird.

Wenn Sie einen Mitarbeiter disziplinieren oder ihn zur Rede stellen, tun Sie dies immer unter vier Augen, und wann immer Sie ihn loben, tun Sie dies in der Öffentlichkeit. Die Harvard University hat in einer Studie festgestellt, daß 85 Prozent aller befragten Personen eher auf Geld oder Lohnerhöhung verzichten würden als auf Anerkennung im Unternehmen.

Es ist wichtig, daß Sie Ihre Mitarbeiter gleichermaßen kritisieren wie auch belohnen. Und bedenken Sie bitte, daß auch konstruktive Kritik eine Form von Anerkennung der Mitarbeiter darstellen kann. Sie kann nämlich in ihm das Gefühl erwecken, daß Sie sich um ihn kümmern, daß Sie ihn beachten, daß das, was er tut, für Sie wichtig ist.

Bei meiner Arbeit für die amerikanische Armee konnte ich während meines Trainings der Führungskräfte etwas Interessantes beobachten: Bei der Ausbildung von Hunden, die man in Kriegssituationen als Kampfhunde einsetzt, werden bei der Ausbildung grundsätzlich Hundeführer und Hund gemeinsam trainiert, und der Hundeführer erhält den Befehl, seinen Hund so oft wie nur irgend möglich zu loben und zu belohnen.

Wir wissen, daß man einem Hund mit Zwang und Druck so ziemlich alles beibringen kann. Die Frage ist nun: Warum befiehlt die Armee ihrem Hundeführer, die Hunde zu loben und zu belohnen, und das so oft wie möglich? Der Grund ist klar und offensichtlich: Von einem

Hund, der im Kriegsfall eingesetzt wird, erwartet man, daß er bereit ist, sein Leben für seinen Herren einzusetzen, und wenn dieser Hund nur mit Druck und Zwang trainiert und ausgebildet worden wäre, wäre er keinesfalls bereit dazu, sein Leben für seinen Herrn einzusetzen.

Als Manager sind Sie dafür verantwortlich, daß Ihre Außendienstmitarbeiter korrekt und ordentlich arbeiten, denn wenn sie das nicht tun, wird sich über kurz oder lang der Staat einschalten und per Gesetz Regulierungen schaffen. Die Verkäufer sind Ihre Mitarbeiter, Sie formen diese Menschen und sind dafür verantwortlich, daß diese sich ihrem Berufsstand entsprechend professionell verhalten.

Entlassungen und Ihre Verantwortung für Ihre Mitarbeiter

Bei Verfehlungen wie Trunkenheit während der Arbeit, Betrug, Diebstahl und anderen Vergehen, die Sie im Anstellungsvertrag geregelt haben, entlassen Sie jemanden fristlos und sofort, soweit es die Gesetzgebung zuläßt.

Wenn Sie jemanden wegen mangelnder Leistung entlassen wollen, überprüfen Sie erst, ob Sie zuvor selbst alles getan haben, um dieser Person das Erfüllen des Leistungsstandards überhaupt zu ermöglichen. Führen Sie mit ihm, bevor Sie ihn endgültig entlassen, noch einmal eine dreitägige Korrektureinheit durch, und wenn sich danach nichts ändert, haben Sie das Recht, diesen Mitarbeiter zu entlassen. Sagen Sie dem Verkäufer aber nicht, daß es seine letzte Chance ist, sondern führen Sie die dreitägige Korrektursequenz durch, beobachten Sie danach zwei Wochen, was geschieht, und wenn keine drastische Verbesserung eintritt, trennen Sie sich von diesem Verkäufer.

Sicher haben Sie schon von der 20/80-Regel gehört. Beispielsweise, daß 20 Prozent der Verkäufer in der Regel für 80 Prozent des Umsatzes verantwortlich sind, daß 20 Prozent der Produkte 80 Prozent des Umsatzes ausmachen. Das gilt auch für den Zeitaufwand des Managers. Verwenden Sie 20 Prozent Ihrer Zeit auf die Korrektur und Verbesserung von unproduktiven Mitarbeitern, aber keinesfalls mehr. 80 Prozent Ihrer Zeit sollten Sie damit verbringen, erfolgreiche Mitarbeiter noch effektiver und noch besser zu machen.

Investitionen in Versager lohnen sich niemals. Werfen Sie schlechtem Geld nicht noch gutes Geld hinterher. Konzentrieren Sie sich auf die Sieger in Ihrem Unternehmen. Der Fehler, der im Management häufig gemacht wird, ist der, daß Manager 80 bis 90 Prozent ihrer Aufmerksamkeit, ihrer Zeit, ihrer Energie darauf verwenden, aus Versagern bessere Versager zu machen.

Es ist Ihre Aufgabe als Manager, für Ihr Unternehmen durch die Kompetenz Ihrer Mitarbeiter Profit zu erwirtschaften, und deshalb konzentrieren Sie sich auf diejenigen, die wirklich wollen, und diejenigen, die wirklich handeln. Es gibt keine schlechten Mitarbeiter, nur schlechte Manager, und letztendlich sind Sie für die Leistungen Ihrer Mitarbeiter verantwortlich, niemand sonst.

Den Menschen gegenüber, die sich Ihnen anvertrauen, die ihre Zukunft von Ihnen und Ihrem Unternehmen abhängig machen, sind Sie verpflichtet, für optimale, reibungslose, profitable Abläufe und Organisationsstrukturen innerhalb Ihres Unternehmens zu sorgen. Treffen Sie die klare Entscheidung, daß Sie der Verantwortung, die Sie für andere Menschen und Ihr Unternehmen übernommen haben, auch gerecht werden wollen.

Was ist ein Verkäufer wert?

Als Manager müssen Sie genau ermitteln, bei welchem Umsatz Ihr Mitarbeiter den Punkt erreicht, an dem er sich „rentiert". Wenn Sie glauben, daß ein Mitarbeiter, der auf Kommission arbeitet, Sie ja nichts kostet, sind Sie im Irrtum.

Um den Break-even zu berechnen, müssen Sie alle Betriebskosten aufaddieren, die von den Mitarbeitern verursacht werden, die auf Provisionsbasis arbeiten. Dieser Betrag ist durch die Anzahl der „Provisionsverkäufer" zu dividieren. Damit haben Sie den Betrag errechnet, den jeder Verkäufer als Gewinn verbuchen muß, damit er zunächst einmal die Kosten deckt, die er verursacht. Erst wenn er mehr Gewinn macht, trägt dies auch zum Unternehmenserfolg bei. Erfolgreiche Unternehmen trennen sich von Verkäufern, die ihre Kosten nicht erwirtschaften. Es gibt keinen Grund, daß Sie Menschen beschäftigen, durch die Sie direkt oder indirekt Geld verlieren.

Kalkulieren Sie die Anforderungen und das Entlohnungssystem so, daß ein Verkäufer erst dann verdient, wenn er seine Kosten erwirtschaftet hat.

Der Wert eines Verkäufers orientiert sich allerdings auch an Verdiensten für das Unternehmen, die sich nicht so einfach in Mark und Pfennig ausdrücken lassen. Es gibt schließlich Verkäufer, die wesentlich zum guten Image des Unternehmens beitragen, auch wenn sich das in seinem Umsatz nicht ausdrückt. Es gibt Verkäufer, die mit Vorschlägen dazu beitragen, daß die interne Organisation verbessert werden kann. Es gibt Verkäufer, die aus ihren Kundengesprächen wertvolle Hinweise für die Produktentwicklung mitbringen. Das betrifft sowohl die Verbesserung bestehender als auch die Entwicklung neuer Produkte.

Der Wert dieser Beiträge, die dem Unternehmen langfristig Vorteile einbringen, sollte sich im Grundgehalt des Verkäufers niederschlagen oder in ein innerbetriebliches Vorschlagswesen Eingang finden.

Kapitel 10
Hallo Champion!

Spätestens hier, an dieser Stelle des Buches, möchte ich Sie als Champion, als Sieger, als Gewinner begrüßen. Sie haben in den vorangegangenen Kapiteln die Grundlagen dafür erarbeitet, die aus einem Verkäufer einen Verkaufs-Champion machen. Sie haben die Grundsätze kennengelernt, nach denen Manager einen Stab von Verkaufs-Champions führen. Es gibt allerdings noch einige Fakten, die Sie kennenlernen und, wenn diese Ihnen schon bekannt sind, noch vertiefen sollten, damit Sie mit Riesenschritten auf die andere, auf die erfolgreiche Seite des Lebens zugehen können.

Unglaublich!

Wie Sie bereits erfahren haben, ist die Form der Kommunikation mit sich selbst ein wichtiges Element für die Konditionierung Ihres Erfolgs. Wenn Sie künftig jemand fragt, wie es Ihnen geht oder wie Ihr Geschäft läuft, gewöhnen Sie sich an zu sagen – und das voller Begeisterung und Leidenschaft: „Unglaublich!"

Wann immer ich früher Menschen gebeten habe, positiv auf jede Frage im Leben zu reagieren und nicht mit Selbstmitleid, Jammern und Weinen, sagten viele: „Wenn ich behaupte, es ist hervorragend, es geht mir sehr gut, dann ist das gelogen, und ich fühle mich unwohl dabei." Aus diesem Grund habe ich für Sie ein positives Wort gewählt, das Sie, ganz gleich, wie es Ihnen geht, immer ehrlich und begeistert sagen können, nämlich: „Unglaublich!"

Wenn Sie jemand fragt, wie Ihre Karriere verläuft, sagen Sie: „Unglaublich!" Es stimmt, so oder so. Wenn Sie jemand fragt, wie Ihr Chef ist, dann antworten Sie: „Unglaublich!" Auch das stimmt immer, ganz gleich, wie Sie es meinen.

Gewöhnen Sie sich also bitte erst gar nicht Verhaltensmuster von Versagern an, indem Sie jammernd und weinend oder leise und leidervoll auf Fragen Ihrer Mitmenschen antworten, sondern sagen Sie in jedem Fall begeistert und leidenschaftlich: „Unglaublich!"

Kein noch so gutes Aus- und Weiterbildungsprogramm kann Wirkung zeigen, wenn Sie mit dem Material, das Ihnen vermittelt oder zur Verfügung gestellt wird, nicht arbeiten, es nicht anwenden und perfektionieren. Jeder, der den großartigen Beruf des Verkäufers gewählt hat, hatte einmal Angst vor Zurückweisung, vor Mißerfolgen, vor negativen Erlebnissen bei Kunden, Angst davor, einen fremden Menschen anzusprechen ... Dies ist vollkommen normal, und es ist wichtig, daß wir die Größe besitzen, zu unseren Ängsten, Sorgen, Zweifeln und Problemen zu stehen. Allerdings muß man sich dieser auch bewußt werden, so daß man eine Lösung für diese Herausforderungen des Lebens finden kann.

Solange Sie einen Mangel verleugnen oder behaupten, daß er nicht existiert, solange können Sie ihn nicht beheben. Deshalb müssen Sie sich bewußt machen, daß Sie selbstverständlich auch diese Ängste, Befürchtungen und Zweifel in sich getragen haben oder noch tragen. Und dann akzeptieren Sie, daß all diese Dinge, die im Leben des Verkäufers geschehen können, einfach zu dem großartigen Beruf dazu gehören.

Alles beginnt mit einer Entscheidung und somit auch die Lösung dieser Herausforderung. Entscheiden Sie sich dafür –, ganz gleich, welche Tarnnamen Sie sich oder Ihre Firma sich für das, was Sie tun, ausgedacht hat: Berater, Repräsentant, Vertreter, Vertriebsexperte oder was auch immer – Sie sind ein Verkäufer. Dazu müssen Sie stehen und sich täglich neu entscheiden, verkaufen zu wollen und stolz darauf zu sein. Tun Sie das sofort, und sagen Sie laut und begeistert: „Ich habe mich dazu entschlossen, ein Verkäufer zu sein. Und ich bin stolz darauf."

Wiederholen Sie diesen Satz begeistert und leidenschaftlich unter Einsatz der Körpersprache mindestens zehnmal hintereinander, und achten Sie darauf, wie Sie sich mit jedem Mal besser und stärker fühlen. Solange Sie nicht zu 100 Prozent hinter dem stehen, was Sie tun, können Sie darin nicht besonders erfolgreich sein.

Glücklicherweise gibt es immer mehr Verkäufer, die ihren Beruf nicht nur als Job, als normale Arbeit ansehen, sondern als Profession. Sie sehen ihren Berufsstand als einen Berufsstand von Spezialisten. Immer mehr Verkäufer entwickeln die stolze Persönlichkeit eines Verkaufs-Champions und reflektieren das in ihrem Auftreten, ihrer Kleidung, ihrer Frisur. Sie achten auf kleinste Details wie perfekt geputzte Schuhe, sie vermeiden Körpergeruch, haben immer ein Reservehemd und eine Reservekrawatte im Auto. Korrektes, sauberes Arbeitsmaterial gehört zum modernen Verkaufs-Champion genauso wie ein sauberes Auto, eine gepflegte, verständliche Aussprache und das perfekte Produkt- und Fachwissen eines Experten.

Die modernen Verkaufs-Champions sind die bahnbrechenden Profis, die dafür verantwortlich sind, daß sich das Image des Verkäufers im Bewußtsein des Kunden positiv verändert und daß der Verkäufer beim Kunden schon bald den Stellenwert besitzt, den er verdient, nämlich den Stellenwert eines kompetenten Beraters.

Die Kommunikation des modernen Verkaufs-Champions ist eine andere, als sie noch vor zehn Jahren in Europa üblich war. Der Verkaufs-Champion verhält sich seinem Berufsstand entsprechend wie ein Experte, ein Berater oder ein professioneller Freund des Kunden.

Als Verkäufer sind Sie ein professioneller Problemlöser, und als solcher müssen Sie auftreten und im Bewußtsein des Kunden verankert sein, um auch in Zukunft auf einem schnell wachsenden Markt erfolgreich bestehen zu können. Gott sei Dank sehen immer mehr Verkaufsprofis im Beruf des Verkäufers mehr als nur eine Möglichkeit, Geld zu verdienen. Sie erkennen, daß Sie einen Beruf ausüben, der große Freude und großen Spaß mit sich bringen kann, und der, wenn man ihn professionell ausübt, zum Wohle seiner Kunden, seines Unternehmens, seiner Familie und seiner selbst sein kann.

Ich beobachte seit einigen Jahren mit Begeisterung, daß die Qualität der Menschen, die den Mut besitzen, den Beruf des Verkäufers professionell auszuüben, ständig zunimmt und daß wir immer deutlicher definieren können, was dazu gehört, um ein Verkaufs-Champion zu sein.

Schon bald werden die veralteten Verkaufsmethoden und die ewig gestrigen Verkäufer vom Markt gefegt sein, weil sie nicht bereit sind, sich den positiven Entwicklungen und Erkenntnissen anzupassen. Flexibilität, Mut, Einsatzbereitschaft und ein klares Verständnis für den großartigen Beruf, den Sie ausüben, sind die Voraussetzung für einen Profi.

Früher versuchte der Verkäufer, Menschen auszutricksen, zu beschwatzen, zu überreden, etwas zu kaufen, was sie nicht brauchten. Er versuchte, Hindernisse und Schwierigkeiten zu umgehen und einfach nur schnell zu einem Abschluß zu gelangen.

Das NAPS-System beginnt für Sie zu wirken, wenn Sie dieses Buch durchgearbeitet haben und Sie das anwenden, umsetzen, üben, trainieren und perfektionieren, was Sie hier gelesen haben. Solange Sie mit diesem Programm arbeiten, erkennen Sie, lernen Sie und arbeiten Sie. Wenn Sie aber wollen, daß dieses Wissen und Können zum Bestandteil Ihres Arbeitsalltags wird, müssen Sie es solange praktizieren, bis es zu einem selbstverständlichen Verhaltensmuster geworden ist und Sie nicht einmal mehr wissen, daß Sie es sich antrainiert haben. Es muß zum Bestandteil Ihrer Persönlichkeit geworden sein, im Privat- und Berufsleben, 24 Stunden am Tag, wie ein Champion, wie ein Verkaufs-Champion, zu handeln und zu reagieren.

Sie verkaufen nicht nur beim Kunden, sondern Sie verkaufen Ihren Freunden Vertrauen und Kameradschaft, Ihren Kindern das Bewußtsein, wie wichtig Ausbildung, Zielsetzung, Durchhalten, moralische und ethische Werte sind. Sie verkaufen Ihrer Lebenspartnerin das Gefühl von Liebe, Verständnis, Vertrauen, Zugehörigkeit, um für sich selbst ein Heim, Glück, Harmonie, Zufriedenheit und Erfolg zu schaffen.

Ein Verkaufs-Champion ist dies mit jeder Faser seines Körpers, mit jeder Faser seines Seins, emotional, mental und physisch. Der echte Verkaufs-Champion atmet Verkaufserfolg, er ernährt sich von Lernen, Trainieren, Weiterentwickeln, und in seinem Blut fließt die Energie, so vielen Menschen wie möglich dabei zu helfen, das zu erreichen, was sie sich wünschen.

Der Verkaufs-Champion ist ein absoluter Profi, dessen gesamtes Bewußtsein nur darauf ausgerichtet ist, optimal zu dienen, perfekt zu leisten und seine Berufung mit soviel Begeisterung und Leidenschaft auszuüben, daß er als Vorbild für seine gesamte Umgebung gilt. Er ist stolz auf das, was er tut, stolz auf sich und kann sich offen und ehrlich im Spiegel in die Augen sehen und sagen: „Ich bin ein Champion, und ich lebe mein volles Potential aus, ich bin ein Verkäufer, und ich bin stolz darauf."

In fünf Schritten lernen

Erster Schritt

Hochwertige Informationen bringen hochwertige Resultate. Negative Informationen ergeben negative Resultate.

Jeder Beruf, jeder Sport, wie beispielsweise Fußball, Handball, Basketball, Golf oder was auch immer, hat erfolgserprobte Grundlagen. So sind beim Golf der Griff, die Linienführung, die Körperhaltung und der Schwung die Grundlagen für erfolgreiches Spiel. Die Grundlagen werden sich niemals ändern. Was sich hingegen verändert, um bessere Resultate zu erzielen, ist qualitativ hochwertigeres Equiqment, besseres, ausgeklügelteres Material.

Aber wenn Sie auch nur mit dem Gedanken spielen, ein einigermaßen vernünftiges Golfspiel zu absolvieren, spielt es überhaupt keine Rolle, wie teuer und perfektioniert Ihre Schläger sind. Sie müssen die vier Fundamente des Golfspiels beherrschen.

Wählen Sie Ihre Lehrer gut, denn wenn Sie, um beim Golfspiel zu bleiben, einen nur mittelmäßigen Lehrer haben, dann werden Sie höchstwahrscheinlich nur lernen, wie man mittelmäßig Golf spielt. Vertrauen Sie sich nur Lehrern und Trainern an, die die Befähigung und Qualifikation haben, Sie auf den nächsthöheren Level zu bringen.

Das gilt auch für Ihren Beruf, den des Verkäufers. Wenn Sie beispielsweise ein bestimmtes Monatseinkommen erzielen wollen und Sie auf Provisionsbasis arbeiten, dann lernen Sie von den Menschen, die das Einkommen haben, das Sie anstreben. Diese Menschen haben es geschafft, vorgemacht und wissen, wie es funktioniert. Nur diese Menschen sind kompetent genug, um Ihnen beizubringen, wie auch Sie dieses Einkommen erreichen können.

Zweiter Schritt

Lernen Sie bei vollem Bewußtsein, im Wachzustand, und glauben Sie nicht, daß Sie besondere Techniken und Strategien durch sogenannte Subliminalprogramme erlernen können. Dies ist absoluter Unsinn und stiehlt Ihnen nur Zeit und Geld. Es ist aufgrund neurologischer Funktionsweisen unmöglich, unterschwellig und unbewußt, ohne eigenes Zutun, etwas Neues zu erlernen und dann zu praktizieren.

In einer Zeit, in der Menschen zu Zuschauern, zu Konsumenten geworden sind, bequem oder gar faul sind, lassen sich Programme wie Positives Denken (Sie brauchen nur positiv zu denken, und alles geschieht von allein) hervorragend verkaufen. Das gilt auch für Programme wie dem subliminalem Lernen, also Lernen im Unterbewußtsein ohne eigenes Zutun, weil dies genau der Bequemlichkeit und dem Wunschdenken der meisten Menschen entspricht: etwas Wertvolles erhalten, aber nichts dafür geben. Der Unsinn des Positiven Denkens führt dazu, daß Menschen sich tatsächlich darauf verlassen und glauben, sie bräuchten sich nur hinzusetzen und sich selbst einzureden: „Ich bin erfolgreich, Geld kommt von allein. Wenn ich Geld mit Lust und Freude ausgebe, wird das Geld auch mit Lust und Freude in mein Leben zurückkehren."

Was Positives Denken für Sie tut, können Sie leicht feststellen: Sie stellen sich vor Ihren Schreibtisch und sagen sich, ganz positiv: „All meine Arbeit erledigt sich von selbst. Der Schreibkram bearbeitet sich von allein, meine Telefonate erübrigen sich, alle Rechnungen bezahlen sich von allein." Dann öffnen Sie die Augen, und Sie werden feststellen, daß der Berg von Arbeit in der Zeit, in der Sie die Augen geschlossen hielten, noch gewachsen ist.

Positives Denken ohne dazugehöriges bewußtes positives Handeln ist vollkommen absurd, ja sogar gefährlich. Genausowenig wie es wirksame Werde-Schnell-Reich- und Bleibe-Reich-Systeme gibt, gibt es die Möglichkeit, ohne eigenes Zutun bleibende Erfolge auf einem festen Fundament aufzubauen.

Positives Denken, wenn es richtig verstanden und angewandt wird, hat den Vorteil, daß es Ihnen mehr bringt als negatives Handeln. Richtig angewandtes Positives Denken würde bedeuten: „Ich nehme die Herausforderungen des Lebens an und weiß, daß ich sie optimal lösen werde. Ich fange jetzt damit an, mit einer klaren Zielsetzung, einem effektiven Plan und flexiblem Handeln, diese Herausforderung zu bestehen."

Hören Sie auf zu glauben, daß eine Technik oder ein anderer Mensch Sie erfolgreich machen kann. Der einzige Mensch, der in Ihrem Leben für bleibenden, ständig wachsenden Erfolg sorgen kann, sind Sie selbst und niemand sonst. Wer immer Ihnen weismachen will, daß Sie von ihm abhängig sind oder ihn benötigen, um Ihr Leben so zu gestalten, wie Sie es sich wünschen, ist in meinen Augen nichts weiter als ein Ganove.

Sieger helfen anderen Menschen, Sieger zu werden, und Verlierer versuchen, andere Menschen davon abzuhalten, erfolgreich zu werden, weil sie nicht wollen, daß offensichtlich wird, daß andere Menschen mit gleichem oder weniger Potential größere Erfolge produzieren können als sie selbst. Um sich Mißerfolg zu ersparen, versucht der Versager alles, um den Menschen, der nach Erfolg strebt, vom Erfolg abzuhalten.

Nichts stört einen Verlierer mehr, als daß ein anderer Mensch beweist, daß es doch geht und daß man alles erreichen kann, was man sich vornimmt, ganz gleich, ob andere Menschen daran glauben oder nicht.

Neid ist der Faktor, der dafür verantwortlich ist, daß so viele Menschen nicht erfolgreich werden, weil sie von ihrer Umwelt, den Versagern eingeredet bekommen, es sei negativ, erfolgreich zu sein, reich zu sein, viel Geld zu verdienen, glücklich und zufrieden zu sein. Denn weil sie selbst nicht das haben können, wovon sie träumen, gönnen sie es auch keinem anderen. Und wenn andere ihre Träume leben, versuchen sie, ihnen den Spaß und die Freude daran zu vermiesen, weil sie es ihnen nicht gönnen, daß sie Gefühle von Glück, Selbstvertrauen und Stolz empfinden, die sie selbst niemals haben werden.

Nehmen Sie nie wieder einen Ratschlag von jemandem an, dem es schlechter geht als Ihnen. Nur Menschen, die erreicht haben, was Sie selbst erreichen wollen, haben die Kompetenz, sich über diesen Bereich fach- und sachkundig zu äußern, Ratschläge zu geben und gegebenenfalls konstruktive positive Kritik zu äußern. Lernen Sie von Champions, nicht von Versagern.

Dritter Schritt

Jeden Erfolg in Ihrem Leben müssen Sie sich im wahrsten Sinne des Wortes selbst verdienen. Das Leben schenkt Ihnen nichts. Das Leben ist nicht fair oder unfair, es ist nicht für oder gegen Sie, sondern es ist einfach so, wie es ist. Nicht was in Ihrem Leben geschieht, bestimmt Ihre Zukunft, sondern wie Sie auf das reagieren, was geschieht. Sie können das „Nein" eines Kunden zum Anlaß nehmen, um aufzugeben, oder als Ansporn, sich nicht kleinkriegen zu lassen und mit vermehrtem Einsatz weiterzulernen, weiterzuüben, damit Sie dieses häßliche „Nein" des Kunden nicht mehr so oft zu hören bekommen.

Ihre Zukunft liegt ganz allein in Ihren Händen und in der Entscheidung, die Sie in bezug auf jeden einzelnen Lebensbereich für sich selbst treffen.

Suchen Sie nur noch die Nähe von Menschen, die auf Sie positiv wirken, und vertreiben Sie die Menschen aus Ihrem Leben, die Sie davon abhalten wollen, ihre Träume zu erfüllen. Das sind Menschen, von denen man beispielsweise hört: „Du hast schon soviel in deinem Leben versucht und nichts erreicht, und so wird es auch diesmal sein." Das sind nicht die Menschen, die Sie täglich treffen sollten, und es sind schon gar nicht die Menschen, die Sie um Rat, Hilfe oder Ausbildung bitten sollten. Ein Verlierer kann Ihnen nur beibringen, wie man verliert. Nur ein Sieger vermittelt Ihnen, wie man sein Leben erfolgreich gestaltet.

„Sage mir, mit wem du gehst, und ich sage dir, wer du bist." Gleiches zieht Gleiches an, und Menschen mögen nur Menschen, die so sind wie sie selbst oder die so sind, wie sie selbst gern sein möchten. Umgeben Sie sich also mit Menschen, die so sind, wie Sie sein wollen.

Vierter Schritt

Der Verkauf ist ein Bereich, in dem die Naturgesetze noch funktionieren: Nur die Stärksten werden überleben, die Schwachen, Inkompetenten und Unfähigen werden sich selbst aussortieren. Selbstverständlich werden gerade Sie nicht zu denen zählen, die durch das Sieb fallen, denn Sie zählen zu jenen, die nicht zufrieden sind mit dem, was sie können oder wissen. Sie möchten mehr: mehr lernen, mehr können, mehr erreichen. Sie haben die Einstellung eines Champions.

Weil die Schulzeit inzwischen doch schon eine Weile zurückliegt und der Mensch mit zunehmendem Alter – das fängt nicht erst mit 50 an – schwieriger lernt, möchte ich auch dafür einige Tips geben.

▷ Hören oder lesen Sie, was Sie lernen wollen.

▷ Schreiben Sie. Machen Sie sich Notizen von allem, was Ihnen wichtig erscheint, oder streichen Sie es mit einem Textmarker in diesem Buch an. Lassen Sie sich nicht ablenken, und lenken Sie sich selbst nicht ab. Tun Sie das, was Sie tun, immer bei vollem Bewußtsein und mit entschiedenem Vorsatz. Lassen Sie sich nicht von Zufällen oder Launen leiten, sondern ausschließlich von Ihren willentlich herbeigeführten Entscheidungen.

▷ Lesen Sie das, was Sie aufgeschrieben oder angestrichen haben, immer wieder durch. Konzentrieren Sie sich bewußt voll und ganz darauf.

▶ Sprechen Sie ruhig laut mit sich selbst, und sagen Sie sich oder anderen, was Sie lernen wollen. Um etwas wirklich zu lernen, müssen Sie regelmäßig wiederholen und üben. Sie müssen sich in das, was Sie tun, verlieben, damit Sie es gern und oft tun. Ohne Wiederholung und Übung werden Sie nie Höchstleistungen erzielen.

Sie selbst bestimmen, ob Sie lieben, was Sie tun, oder ob Sie es hassen. Jede Tätigkeit hat, wie eine Medaille auch, zwei Seiten. Eine Seite der Tätigkeit mögen Sie, sie macht Ihnen Spaß. Die andere Seite bringt Anstrengung und Kraftaufwand mit sich, und es ist ganz normal, daß Sie diese Seite der Tätigkeit nicht besonders mögen. Einen Beruf muß man aber ebenso ganz nehmen wie eine Medaille: beides gibt es nur mit beiden Seiten.

Das hat aber auch den Vorteil, daß Sie, wenn Sie sich auf die „Schoko-ladenseite" konzentrieren, automatisch die andere Seite mitschlucken. Sie können sich im Beruf auf das konzentrieren, was Ihnen Spaß und Freude bereitet, oder Sie konzentrieren sich auf das, was Ihnen die größten Schwierigkeiten macht. Entsprechend werden Sie eine Tätigkeit oder Ihren Beruf lieben oder hassen.

Betrachten Sie also auch beim Lernen die angenehmen Seiten, denn es lernt sich bestimmt leichter, wenn Sie an die Erfolge und den Spaß nach dem Lernen denken und nicht an die Mühsal, die mit dem Lernen oft verbunden ist.

Bedenken Sie, daß Sie Ihr Geld für ein Lehrbuch verschwenden, wenn Sie es nur einmal lesen. Selbst wenn Sie etwas sechsmal hintereinander hören oder lesen, haben Sie nur 62 Prozent des vermittelten Wissens in sich aufgenommen. Aber dies ist schon genug, um eine drastische positive Änderung in Ihr Leben zu bringen. Um etwas voll und ganz zu verstehen und umsetzen zu können, müssen Sie es mindestens elfmal lesen.

Fünfter Schritt

Umsetzen und nutzen, anwenden und verinnerlichen sind der wahre Schlüssel zum Lernerfolg. Sie können nichts nur rein theoretisch erlernen, was mit dem Verkaufen zu tun hat, sondern Sie müssen es praktizieren, verbessern und verinnerlichen. Nur wenn Sie Techniken so oft wie möglich praktizieren, fühlen Sie sich sicher genug darin, diese anzuwenden.

Alle Erfolgstechniken und Strategien, die Sie in diesem Buch lernen, basieren auf wahren Erfolgen. Wahrscheinlich müssen meine Gedanken und Ideen an Ihre besondere Situation, Ihr Produkt- oder Serviceangebot und Ihre Vorgehensweise angepaßt werden. Das hat jedoch nichts mit der Effektivität dieses Gedankenguts zu tun, sondern lediglich mit Ihrer Bereitschaft, sich ständig zu fragen: „Was davon kann ich in meinem Bereich, für mein Produkt- oder Serviceangebot effektiv nutzen?" Die Grundlagen des Erfolgs sind immer gleichbleibend und werden sich niemals verändern.

Der Champion sucht nach Möglichkeiten und Wegen, eine Lösung zu finden, neu Erkanntes und Erlerntes so schnell wie möglich effektiv anzuwenden und einzusetzen. Der Verlierer sucht nach Möglichkeiten und Gründen dafür, aufgeben zu dürfen oder erst gar nicht handeln zu müssen. Jemand, der aufgibt, wird niemals gewinnen. Erfolgreiche Menschen handeln und halten durch, ganz gleich, was geschieht. Ihre Frage ist also bei allem, was Sie tun oder lernen: „Wie kann ich das so schnell wie möglich für mich selbst nutzen?"

Den Lernerfolg langfristig sichern

An anderer Stelle in diesem Buch habe ich schon darauf hingewiesen, aber weil es für Ihren Erfolg so wichtig ist, komme ich noch einmal darauf zurück: Stillstand ist Rückschritt. Bleiben Sie nicht da stehen, wo Sie gerade sind, ansonsten werden andere aufholen und Sie überholen. In keinem Lebensbereich, in keinem Berufsbereich werden Sie jemals ausgelernt haben. Verkaufs-Champions gehen mit der Zeit und eilen ihr zuweilen auch voraus. Sie sind bereit, sich ständig weiterzubilden, um neuen Anforderungen gerecht werden zu können.

Ähnlich wie ein Auto, das immer wieder aufgetankt werden muß, so benötigen auch Champions regelmäßig neuen Treibstoff in Form von neuen Techniken und neuer Motivation. Besuchen Sie deshalb Seminare, und lesen Sie regelmäßig Fachzeitschriften und geeignete Bücher.

Ich erkenne immer wieder, daß die erfolgreichsten Verkäufer eines Unternehmens schon über viele Jahre hinweg immer wieder zu meinen Seminaren kommen und häufig sogar ein und dasselbe Seminar schon viele Male besucht haben. Der echte Verkaufs-Champion weiß genau, wie wichtig es ist, sich regelmäßig neu zu orientieren, zu motivieren und weiterbilden zu lassen.

Ein Ohr für den Kunden

Wenn Sie in der Lage sind, die Kommunikation mit sich selbst und Ihrer Umwelt zu meistern, werden Sie in Ihrem gesamten Leben erfolgreich sein und auch bleiben. Kommunikation findet, wie ich schon an anderer Stelle sagte, nur zu einem sehr geringen Prozentsatz mittels Worten statt. Der größte Teil läuft nonverbal ab. Das schließt Mimik, Gestik und die Körpersprache ein. Selten wird aber darauf hingewiesen, daß es auch einen unsichtbaren Kommunikationsstrang gibt, der auf der Ebene der Emotionen verläuft. Hier spielen Begriffe wie Sympathie und Antipathie, Vertrauen und Mißtrauen eine Rolle. Hier geht es um Sie, um Ihre Person, um das, was Sie wirklich sind und was Sie davon vermitteln können. Hier geht es auch um Ihr Verhalten dem Kunden gegenüber, darum, daß Sie durch Ihr korrektes Verhalten Ihre positive und wertschätzende Einstellung zum Kunden erkennen lassen.

Der Kunde sagt ja zu Ihrem Produkt, weil Sie selbst davon überzeugt sind und diese Überzeugung auf den Kunden übertragen können. Der Kunde kauft immer Sie, den Freund, Berater, Spezialisten, den Vertrauten. Ihre Begeisterung und Einstellung sind für den erfolgreichen Verkauf weitaus wichtiger als Produktwissen und fachliche Qualifikation.

Eine Form der Kommunikation wird häufig einfach übersehen oder ist den meisten Menschen gar nicht bekannt: aktives Zuhören. Und das müssen Champions beherrschen wie kein anderer. Der Kunde ist nicht an Ihnen interessiert und nicht an Ihrem Privatleben, nicht an Ihren Problemen oder Träumen, sondern lediglich an sich selbst. In erster Linie möchte er selbst sprechen, und wenn er etwas von Ihnen hören möchte, dann nur etwas, das ihn interessiert.

Starren Sie den Kunden nicht einfach nur still an, wenn er redet, sondern sehen Sie ihm in die Augen, bringen Sie durch Ihren Gesichtsausdruck Ihr Interesse zum Ausdruck. Zeigen Sie dadurch, daß Sie sich dem Kunden leicht zuwenden, daß Sie Interesse an dem haben, was er sagt. Signalisieren Sie Interesse am Inhalt, indem Sie nachfragen, zustimmend nicken oder etwas Positives dazu sagen. „Das ist interessant. Können Sie mehr davon berichten?" oder „Ich bin begeistert, das von Ihnen zu hören" sind in diesem Bereich hilfreiche Formulierungen.

Viele Verkäufer sind so begeistert von Ihrem eigenen Produkt, daß Sie gar nicht aufhören können, darüber zu reden. Sie tappen deshalb in die Falle des Zuviel-Redens und des Zuwenig-Zuhörens.

Der schlimmste Zuhörer hört nicht wirklich, was der Kunde sagt und meint, sondern er überlegt die ganze Zeit, was er selbst sagen wird, sobald der Kunde aufhört zu sprechen. Diese „Zuhörer" erfahren niemals wirklich, was der Kunde zu sagen hat und was er benötigt, was seine wahren Wünsche und Bedürfnisse sind, und sie werden im Verkauf nicht sehr erfolgreich sein.

Der angenehmste Zuhörer ist der verständnisvolle Zuhörer. Um im privaten und im beruflichen Bereich erfolgreich zu sein, müssen Sie ein verständnisvoller Zuhörer sein: aktiv zuhören, wie wir es bereits besprochen haben, Interesse zeigen an dem, was der Gesprächspartner sagt, und versuchen, jedes Signal der Körpersprache zu erkennen und zu verstehen.

Müdigkeit kann ein Grund für schlechtes Zuhören sein. Diese kann eine Folge von einem schweren Arbeitstag, falscher Verarbeitung von Streßreizen, von ungelösten Konflikten im Privatleben, falscher Ernährung oder von mangelnder Vitalität und Fitneß sein.

Es ist falsch, sich mit Durchhalteparolen über Signale des Körpers hinwegzusetzen. Müdigkeit, Konzentrationsschwäche, anhaltende Energielosigkeit, Frustration und Depression (nämlich Signale eines physischen oder emotionalen Tiefs) signalisieren Überlastung. Wenn Sie diese Signale, die Schutzmechanismen darstellen, ignorieren, ist es nur eine Frage der Zeit, bis ein mentaler, emotionaler oder physischer Zusammenbruch folgt.

Es ist nicht die Belastung, die zu großen gesundheitlichen Katastrophen oder zu energiemäßigen Tiefs führt. Es ist die Dauerbelastung ohne ausreichende Regenerationsphasen, die gesundheitliche Katastrophen auslöst.

Der Verkaufs-Champion weiß genau, daß er während seiner Arbeitszeit immer hundert Prozent geben muß, und deshalb muß er auch hundert Prozent Energie tanken für seine Gesundheit, Fitneß und Vitalität. Regelmäßige Regenerationsphasen, echter Urlaub (ohne auch nur die geringste Arbeit oder Telefonanrufe ins Büro) sind ein absolutes Muß für das gesundheitliche und letztendlich auch wirtschaftliche Überleben des Verkaufs-Champions.

Eine weitere wichtige Regel für die Kommunikation mit dem Kunden lautet: Lassen Sie sich keinesfalls ablenken, wenn der Kunde mit Ihnen spricht. Wenn zum Beispiel jemand am Fenster vorbeigeht, sehen Sie nicht nach draußen und folgen mit den Augen dem anderen Menschen, sondern bleiben Sie mit Aufmerksamkeit und Interesse beim Kunden, und zeigen Sie ihm das auch. Andernfalls kann es dazu kommen, daß Sie den Kontakt zum Kunden verlieren und er daraus schließt, daß Sie an ihm und dem, was er sagt, überhaupt kein Interesse haben und somit auch nicht an seinen Bedürfnissen oder an einer effektiven und optimalen Lösung für sein Problem.

Erfolgreiche Verkäufer sind bereit, den Kunden zu verstehen und ihn so zu akzeptieren, wie er ist. Sie können ihn nicht ändern, sondern wollen ihm so, wie er ist, bestmöglich helfen. Sie haben Verständnis für den Kunden. Verwechseln Sie aber keinesfalls Verständnis mit Mitgefühl oder gar Mitleid. Mitgefühl kann Ihrer Energie schaden oder Sie davon abhalten, eine Situation objektiv einzuschätzen, und deshalb eine gute Beratung und einen Verkauf verhindern.

Wenn jemand an der Reling eines Schiffes steht und sich übergeben muß, und Sie zeigen Mitgefühl, stehen Sie bald neben ihm und müssen sich ebenfalls übergeben. Wenn Sie jedoch Verständnis zeigen, geben Sie ihm ein nasses Handtuch und helfen ihm. Dies ist der Unterschied zwischen Mitgefühl und Verständnis.

Jeder Verkäufer weiß, daß er am erfolgreichsten verkauft, wenn er es finanziell nicht nötig hat. Das liegt daran, daß er sich dann voll und ganz auf das Wohl und Interesse des Kunden konzentrieren kann und den Kunden nicht als Bestandteil der Leasingrate für sein Auto sieht.

Je besser Sie sich in die Lage des Kunden versetzen und dessen Probleme und Bedürfnisse erkennen, desto effektivere Lösungen können Sie anbieten. Finden Sie also heraus, was den Kunden wirklich interessiert und was für ihn wichtig ist.

Immer für eine Überraschung gut

Wenn Sie einen normalen Durchnittsmenschen mit dem Wort „Verkäufer" konfrontieren und ihn fragen, was ihm zu diesem Begriff einfällt, sagen die meisten: „Aufdringlich, viel und schnell reden, will mich beschwatzen oder überreden, etwas zu kaufen, das ich nicht brauche oder das zu teuer ist, unangenehm, redet zuviel und kann nicht zuhören, ist nur an seinem Umsatz interessiert."

Wenn Sie durch alles, was Sie sind, verkörpern und tun, genau das Gegenteil von dem widerspiegeln, was der Kunde erwartet, unterbrechen Sie damit krass und drastisch seine Annahmen und gewinnen seine Aufmerksamkeit.

Sorgen Sie grundsätzlich durch Ihr Auftreten und Ihr Vorgehen dafür, daß der Kunde keinesfalls an die vielen Vorurteile gegenüber Verkäufern erinnert wird und Sie somit nicht in altbekannte Referenzbereiche hineinrutschen, bei denen der Kunde ständig denkt: „Aha, genauso habe ich das erwartet, genauso habe ich das immer gehört."

> Sorgen Sie für positives Erstaunen durch Professionalität, Fachwissen, Können und perfekte zwischenmenschliche Kommunikationsfähigkeit.

Interessanterweise haben wir in einer Studie (NAPS Research International, Studie von 1994) ermitteln können, daß Lehrer und Krankenschwestern die erfolgreichsten Quereinsteiger im Verkauf sind, weil diese Menschen sehr früh gelernt haben, mit anderen verständnisvoll und ausbildend umzugehen. Außerdem haben sie gelernt, effektiv mit Menschen zu kommunizieren, die eigentlich nicht zuhören wollen.

Um mit dem Kunden effektiv kommunizieren zu können und eine optimale Beziehung herzustellen, ist es notwendig, daß der Kunde das Gefühl hat, daß Sie ihn verstehen, daß Sie sich in seine Lage versetzen können.

Behandeln Sie jeden Kunden als Individuum, und finden Sie dadurch die für ihn richtige Lösung.

Um eine effektive Kommunikation und ein besseres Verständnis für den Kunden zu garantieren ist es wichtig, daß Sie die Sprache des Kunden sprechen, indem Sie sich der Schulbildung und den Sprachgewohnheiten des Kunden anpassen. Der Kunde muß Ihnen vertrauen und Sie leicht verstehen.

Vertrauen können Sie auch gewinnen, wenn Sie Pünktlichkeit, Zuverlässigkeit, Korrektheit und Ehrlichkeit sichtbar praktizieren. Seien Sie grundsätzlich etwa eine Minute vor dem abgesprochenen Termin beim Kunden, nicht früher, um ihn nicht bei seinen Vorbereitungen zu stören, aber auch keinesfalls später, um dem Kunden nicht das Gefühl zu geben, Sie seien unzuverlässig.

Kunden wollen Lösungen so schmerzlos, schnell, effektiv und kostengünstig wie nur irgend möglich. Helfen Sie dem Kunden dabei, das zu ermöglichen. Machen Sie es einfach, klar, leicht verständlich, und verwirren Sie den Kunden nicht mit Details, die für seine Entscheidung keine Rolle spielen.

Den Kunden geht es nicht um einen möglichst großen Aufwand, sondern sie möchten die Vorteile Ihres Angebots so schnell wie möglich genießen. Und wenn Sie in der Lage sind, dem Kunden das zu ermöglichen, wird er immer wieder bei Ihnen kaufen und Ihnen gern qualifizierte Referenzadressen geben.

Der Kunde hat immer recht

Oft ist es schwer, dem Grundsatz des Verkäufers zu folgen: Der Kunde hat immer recht. Selbst wenn der Kunde nicht recht hat und Sie anfangen, mit ihm zu diskutieren, zu argumentieren oder sich gar mit ihm zu streiten, wird der Kunde trotzdem am Ende garantiert nicht bei Ihnen kaufen.

Also lernen Sie von vornherein den Grundsatz des Verkaufs-Champion zu leben, daß der Kunde immer recht hat. Wenn Sie ihm zeigen, daß er im Unrecht ist, ist er entweder beleidigt oder wütend, und in keinem Fall wird Ihnen das bei den Verkaufsverhandlungen helfen.

Versuchen Sie also möglichst nicht, den Kunden von etwas zu überzeugen, von dem er nicht überzeugt werden will, schon gar nicht, wenn es nicht zur Sache gehört. Versuchen Sie nicht, einem Kunden zu beweisen, daß er im Unrecht ist, sondern geben Sie sich alle Mühe, ihn auf Ihre Seite zu bekommen. Geben Sie Ihr Bestes bei Ihrer Präsentation, und vergessen Sie nicht, daß bei jeder Präsentation der Kunde die wichtigste

Person ist und nicht Sie selbst. Also kann es Ihnen auch vollkommen egal sein, welcher Meinung ein Kunde ist, wenn es sich nicht um die Sache, um Ihr Produkt oder Ihre Dienstleistung, dreht. Außerdem gibt es auch viele Bereiche, bei denen man nicht über richtig oder falsch diskutieren kann. Besonders gefährlich ist es, sich mit einem Kunden über religiöse und politische Themen auszutauschen. Auch das Thema Fußball kann gefährlich werden, wenn man mit der „falschen" Mannschaft sympathisiert.

Und manchmal haben Sie die Nase voll

Viele von Ihnen haben schon einmal darüber nachgedacht, dem Beruf des Verkäufers den Rücken zu kehren, sich ins Auto zu setzen und der Sonne entgegen zu fahren und niemals wieder zurückzukehren, alle Notizen und Akten zu verbrennen und nie wieder mit einem Menschen über Verkauf zu sprechen, das Telefonkabel zu kappen und alle Kontakte abzubrechen.

Wir alle, ganz gleich in welchem Beruf, kommen irgendwann einmal an den Punkt, an dem wir im wahrsten Sinne des Worte die Nase voll haben und nie wieder etwas mit dem zu tun haben wollen, was wir gerade tun. Im Verkauf ist die Wahrscheinlichkeit besonders groß, wenn wir von einer Serie von Mißerfolgen, Absagen, Enttäuschungen und Stornierungen gleichzeitig überrannt werden. Zu diesen Zeiten ist es besonders wichtig, daß Sie sich darauf konzentrieren, was Sie schon alles erreicht haben, wie viele nette Menschen Sie kennengelernt haben, wie viele begeisterte Gespräche Sie geführt haben, welche Umsätze und Gewinne Sie bereits gemacht haben.

Konzentrieren Sie sich auf all das, was schön ist an Ihrem Beruf. Betrachten Sie es als Chance, täglich neue Menschen kennenzulernen und diesen dabei helfen zu können, mehr Sicherheit oder Lebensqualität zu gewinnen, ihnen die Möglichkeit zu verschaffen, Hindernisse und Probleme leichter und effektiver überwinden zu können, Geld zu sparen oder Geld zu verdienen.

An einem besonders erfolgreichen Tag sollten Sie einmal begeistert und leidenschaftlich auf eine Kassette sprechen, warum Sie den Beruf des Verkäufers lieben, was großartig und schön daran ist, welche Erfolge Sie bereits erzielt haben. Lassen Sie im Hintergrund dabei Ihre Lieblingsmusik laufen, die Sie anspornt, begeistert und motiviert. Wann immer Sie dann einmal einen schlechten Tag haben, hören Sie sich dieses Band mehrmals hintereinander an. Schon bald werden Sie sich wieder richtig movitiert und begeistert auf den Weg machen, auf den Weg des Verkaufs-Champions.

Kopf hoch!

Jeden Morgen, wenn Sie erwachen, haben Sie die Möglichkeit, vollkommen selbstbewußt, voller Energie, Leistungs- und Einsatzbereitschaft neu zu beginnen, völlig unabhängig davon, wie der gestrige Tag verlaufen ist. Zu viele Menschen lassen ihr Leben an sich vorüberziehen, ohne effektiv und sinnvoll zu handeln, weil sie die Erfahrungen und Erlebnisse aus der Vergangenheit in der Gegenwart negativ wirken lassen.

Mißerfolgserlebnisse, Enttäuschungen oder Rückschläge, ergebnislose Versuche oder schlechte Erinnerungen halten viele Menschen davon ab, in der Gegenwart wieder einen neuen Versuch zu starten, ein bestimmtes Ziel zu erreichen.

Dabei liegt es an Ihnen: Die Vergangenheit bestimmt nicht Ihre Zukunft, wenn Sie es nicht zulassen! Als Verkaufs-Champion müssen Sie lernen, die Vergangenheit und die dazugehörigen Mißerfolgserlebnisse einfach loszulassen. Sie brauchen diese, soweit Sie aus Ihren Fehlern gelernt haben, auch nicht aufzuarbeiten. Lassen Sie einfach los, und beginnen Sie in der Gegenwart von neuem. Je häufiger Sie an Mißerfolgserlebnisse aus der Vergangenheit denken, um so größer ist die Wahrscheinlichkeit, daß Sie ähnliches Fehlverhalten mit den dazugehörigen negativen Resultaten in der Gegenwart wiederholen.

Konzentrieren Sie sich deshalb bitte nur auf das, was Sie erreichen wollen, und darauf, wie Sie es erreichen werden. Fokussieren Sie sich nicht darauf, was Sie nicht wollen oder was in der Vergangenheit schief- oder falschgelaufen ist.

Das Gehirn kann nicht unterscheiden, ob wir nur an etwas denken oder ob es real geschieht. Deshalb wiederholt sich ein Mißerfolgserlebnis jedesmal, wenn wir daran denken, mit allen dazugehörigen neurochemischen und bioelektrischen Prozessen. Durch die Häufigkeit der

Wiederholungen entstehen in unserem Unterbewußtsein Zweifel an unserer Leistungskraft, an unseren Fähigkeiten und Möglichkeiten, und es kommt der Zeitpunkt, an dem wir aufhören, daran zu glauben, die von uns gewünschten Handlungsweisen in der erfolgreichen Art und Weise durchführen zu können, wie wir uns dies wünschen.

Lernen Sie aus Ihren Fehlern, halten Sie fest, was Sie beim nächsten Mal besser, effektiver und anders machen müssen, und danach lassen Sie einfach los. Starten Sie immer wieder neu – jeden Tag, bei jedem Kunden. Jeder Morgen ist eine vollkommen neue Geburt, eine vollkommen neue Chance, neu zu beginnen und effektivere Resultate zu produzieren als zuvor.

Konzentrieren Sie sich also auf die Gegenwart und auf das, was Sie anders und richtiger machen können. Leben Sie immer im Jetzt, im Hier und Heute, und planen Sie Ihre Zukunft.

Der Verkaufs-Champion schöpft Selbstbestätigung und Selbstvertrauen aus sich selbst, er kann sich selbst auf die Schulter klopfen, ist nicht davon abhängig, daß andere ihn beglückwünschen, ihm Lob aussprechen. Viele Verkäufer wollen es allen Menschen gleichzeitig recht machen, von jedem anerkannt, geliebt und akzeptiert werden. Doch das ist nicht möglich, versuchen Sie es erst gar nicht.

Finden Sie Ihre eigene Persönlichkeit, Ihren eigenen Stil, Ihren eigenen Weg, und gehen Sie diesen. Nur so können Sie bleibende Erfolge aufbauen und sich ein Netzwerk von bleibenden Kunden schaffen, die Sie so mögen und akzeptieren, wie Sie in Wirklichkeit sind. Sie haben es im Leben erheblich leichter, wenn Sie erst gar nicht damit anfangen, eine Rolle zu spielen und fremde Verhaltensweisen anzunehmen. Das kostet zuviel Kraft, und der Kunde merkt es ohnehin über kurz oder lang, wenn Sie sich verstellen. Dann verlieren Sie das Vertrauen des Kunden und somit den Kunden selbst.

Es ist besser, Präsentationstechniken, Verhandlungs- und Abschlußstrategien zu finden oder zu entwickeln, die der eigenen Persönlichkeit wirklich entsprechen, als Techniken auswendig zu lernen und vorzutragen, die nicht Ihrer Persönlichkeit entsprechen und zu denen Sie nicht wirklich stehen können.

Sie sind in dieser Welt einmalig, und nur Sie können das Potential nutzen, das Ihnen die Natur mitgegeben hat. Deshalb sollten Sie andere nicht kopieren, sondern sich auf Ihre eigenen Talente und Möglichkeiten stützen. Alle erfolgreichen Verkaufs-Champions haben ihren ureigenen Stil des Verkaufens, des Beratens und des Abschlusses. Wenn Sie das tun, was alle anderen tun, werden Sie nur das erreichen, was alle anderen erreichen und keinesfalls mehr. Wenn Sie etwas anderes erreichen wollen, müssen Sie etwas anderes tun!

Sie wollen den Erfolg, Sie sind ein Sieger, ein Champion. Für Sie habe ich hier noch einmal die wichtigsten Leitlinien zusammengestellt, die NAPS für Sie bereithält.

NAPS – Die Einstellung des Siegers

NAPS ist eigentlich die Abkürzung für Neuro-Assoziative-Programmierungs-Systeme, kann aber auch bedeuten: Niemals aufgeben, permanent siegen.

▷ Ich bin nicht mehr bereit, mich mit weniger zufrieden zu geben als ich sein, besitzen oder erreichen kann, weil ich weiß, daß ich für den Erfolg geboren bin!

▷ Ich bin ein Sieger, und als solcher werde ich meine Sorgen, Zweifel, Ängste, meine Bequemlichkeit und mein Zögern besiegen, auch den inneren Schweinehund und die innere Stimme, die sagt: „Gib doch auf, du schaffst das sowieso nicht" oder „Fang erst gar nicht an!"

▷ Ich stehe morgens voller Tatendrang auf und beginne den Tag als Sieger. Ich kontrolliere meine Aktionen, Gefühle und Resultate. Ich bin nicht mehr bereit, etwas vom Leben hinzunehmen, sondern werde mir das Beste selbst schaffen!

▷ Ich bin ein Teamspieler, und „Gemeinsam nach oben" ist meine Devise im privaten und beruflichen Bereich. Ich erweitere jeden Tag mein soziales Netz.

▷ Ich lebe energievoll und gesund! Mein Körper ist mir wichtig!

▷ Täglich mache ich mir neue Ziele bewußt und arbeite an deren Realisierung.

▷ Ich denke nicht nur positiv, sondern ich handle auch positiv!

▷ Ich weiß, es ist mein Leben! Nicht das, was geschieht, bestimmt mein Schicksal, sondern die Art und Weise, wie ich darauf reagiere. Ich übernehme die Verantwortung für all meine Handlungen und somit für alle Resultate!

▶ Täglich praktiziere ich die Verhaltensmuster des Erfolgs!

▶ Ich suche nicht nach Problemen, sondern nur nach Lösungen!

▶ Ich erwarte ständig das Beste und bin bereit, dafür die Extra-Meile zu gehen und immer einmal mehr aufzustehen, als das Leben mich niederwirft!

▶ Nur meine eigenen Regeln, Glaubenssysteme und Werthierarchien bestimmen mein Leben! Ich lasse mich von anderen nicht negativ beeinflussen!

▶ Ich weiß, ich bin einmalig und werde deshalb einmalige Resultate erbringen!

▶ „Nichts hält mich auf! Jetzt erst recht! Ich kann das! Wir schaffen das gemeinsam!" sind meine Lebensphilosophien.

▶ Ich weiß, es gibt immer einen Weg, wenn ich wirklich will, und es gibt so lange keine Obergrenze für mich, bis ich mir selbst ein Limit setze!

▶ Ich lebe im Jetzt, im Hier und Heute und lasse die Vergangenheit einfach los!

▶ Aufgeben ist für mich keine akzeptable Möglichkeit – ich werde immer handeln und durchhalten, bis ich mein Ziel erreicht habe!

▶ Ich suche niemals Hilfe bei Sekten oder extremistischen Gruppen, bei Alkohol oder Drogen. Ich bestimme mein Schicksal selbst!

▶ Ich weiß, daß ich ein großartiger Verkäufer bin, ich bin ein Verkaufsprofi und setze mein Wissen, meine Fähigkeiten und Talente zum Wohle meines Kunden ein. Durch Moral, Ethik, Teamwork, Begeisterung und Leidenschaft sowie alle notwendigen technischen Fertigkeiten und umfangreiches Produktwissen werde ich für meinen Kunden ein Berater, Lehrer, Ausbilder und Freund sein. Aus diesem Grund werde ich erfolgreich sein, und ich verdiene meinen Erfolg. Ich glaube an mich, meine erfolgreiche Zukunft und werde selbst alles dafür tun, mir das Vertrauen und die Zufriedenheit meiner Kunden zu erarbeiten, denn ich bin ein Verkaufs-Champion.

Willkommen in der großartigen Welt des Verkaufschampions – auf der erfolgreichen Seite des Lebens!

Welche Möglichkeiten bietet Ihnen NAPS?

NAPS (Neuro-Assoziative-Programmierungs-Systeme) wurde von Dr. Leonard Coldwell (PhD) in über 20jähriger Forschungs-, Therapie und Trainingstätigkeit entwickelt. Es ist das weltweit erste und bisher einzige holistische Selbsthilfevermittlungssystem, das Menschen zu Höchstleistungen anspornt. NAPS bietet konkrete Hilfe zur beständigen Eigenmotivation, um private und berufliche Ziele zu erreichen. Zahlreiche Top-Manager von Weltkonzernen, Spitzensportler, Hollywoodstars und Politiker haben mit Hilfe dieses außerordentlich erfolgreichen Motivations-, Persönlichkeitsentwicklungs-, Gesundheits- und Verkaufstrainings überdurchschnittliche Resultate erzielt.

„Ich beglückwünsche Dr. Leonard Coldwell zu seiner hervorragenden Arbeit und hoffe, daß er diese noch sehr lange weiterführt."

Zig Ziglar,
Bestsellerautor und erfolgreichster
Verkaufstrainer Amerikas

1. Seminare

Individuelles Einzeltraining: Persönlichkeitsentwicklungs-, Motivations- und Erfolgskonditionierungstraining auf dem höchstmöglichen Level mit einem von der NAPS Research International, USA, lizensierten und von Leonard Coldwell persönlich ausgebildeten NAPS-Trainer.

Betreuung Ihrer Firma: Individuelle Ausbildung von Mitarbeitern und Führungskräften nach Ihren Vorgaben in jedem Bereich.

Gesundheit und Fitneß: Die großen NAPS-Gesundheits- und Fitneßseminare, durchgeführt von NAPS-Spezialisten auf diesem Gebiet.

2. Die NAPS-Bibliothek

Bücher

Die erfolgreiche Seite des Lebens	98,– DM
Mit Gesundheit zum Erfolg	58,– DM
Sie sind für Erfolg geboren	49,80 DM
Endlich! Abschied von Ihrer Krankheit	39,80 DM
Die unbegrenzte Kraft des Unterbewußtseins	36,– DM
Die Erfolgsgarantie	29,80 DM

Audioseminare

Endlich! Abschied von Ihrer Krankheit	34,80 DM
Sie sind für Erfolg geboren	129,– DM
Die unbegrenzte Kraft des Unterbewußtseins	48,– DM
Die bewußte Programmierung der Kräfte Ihres Unterbewußtseins	89,– DM
Programmieren Sie Ihre Gesundheit, Kraft und Vitalität	89,– DM
Programmieren Sie Ihr glückliches und wunderbares Privatleben selbst	89,– DM
Programmieren Sie sich zu Selbstvertrauen, innerer Stärke und Durchsetzungsvermögen	89,– DM
Programmieren Sie Ihre Zukunft und bestimmen Sie Ihr Schicksal selbst	89,– DM
Schlank ohne Hungern	89,– DM
Der große Zielsetzungsworkshop	168,– DM
The Power to Live Your Dreams – Das Mega-Motivationsseminar	220,– DM
Mega-Power-Paket für Verkaufschampions	495,– DM
The Coach - Coldwells Powertalk Journal (12 Audiokassetten pro Jahr)	495,– DM

Wenn Sie nähere Informationen zu Büchern, Audiokassetten oder Seminaren wünschen oder Titel bestellen möchten, wenden Sie sich bitte an:
NAPS University Verlag GmbH
Bückeburger Straße 17
31707 Bad Eilsen
Telefon (0 57 22) 98 12 55
Fax (0 57 22) 98 12 44
Internet: http://www.naps.de

Der Autor

Leonard Coldwell studierte in den USA und in Kanada Psychologie und Holistic Health. Er ist der führende Erfolgs- und Gesundheitsforscher und Therapeut im Bereich Streßschäden und Managerkrankheiten, aber auch chronischer Krankheiten, und Begründer von NAPS (Neuro-Assoziative Programmierungssysteme) sowie des darauf aufbauenden NAPS-Trainings und des NAPS-Gesundheitstrainings.

Leonard Coldwell ist Berater des Canadian Institute of Health und Vitality, Coach von Spitzensportlern und Trainer der Verkaufs- und Managementelite in Deutschland. Er lebt abwechselnd in Deutschland und in den USA.

Wenn Sie Kontakt mit dem Autor aufnehmen oder ihm von Ihren Erfahrungen berichten wollen, wenden Sie sich bitte an:

NAPS Professional Education Institut
Bückeburger Straße 17
31707 Bad Eilsen
Telefon (0 57 22) 98 12 55
Fax (0 57 22) 98 12 44

SALES PROFI-Bücher für Ihren Erfolg

GABLER

BETRIEBSWIRTSCHAFTLICHER VERLAG DR. TH. GABLER GMBH, ABRAHAM-LINCOLN-STRASSE 46, 65189 WIESBADEN